공짜로는 알 수 없는 아들 설계 비법

0~12세

공짜로는 알 수 없는 아들 설계 비법
0~12세

초판 1쇄 인쇄 2025년 10월 20일
초판 1쇄 발행 2025년 10월 27일

지은이 김준수
발행인 선우지운

편집 이주희
표지디자인 공중정원
본문디자인 김민주
제작 예인미술
출판사 여의도책방

출판등록 2024년 2월 1일(제2024-000018호)
이메일 yidcb.1@gmail.com
ISBN 979-11-994422-5-2 (03590)

* 저자와 출판사의 허락 없이 내용의 일부를 인용하거나 발췌하는 것을 금합니다.
* 잘못되거나 파손된 책은 구입한 서점에서 바꿔드립니다.
* 책값은 뒤표지에 있습니다.

공짜로는 알 수 없는 아들 설계 비법

김준수 지음

0~12세

아이의 삶을
운에 맡길 순 없다

혹시 넘쳐나는 정보 속에서 올바른 양육 방향을 찾지 못해 기준 없이 흔들리고 있진 않으신가요? 아직도 동네 모임에서 떠도는 카더라 통신에 아들의 삶을 던지고 있진 않으신가요?

몇 년 전, 강남에서 유명하다는 학부모가 쓴 책을 읽고 충격을 받았던 적이 있습니다. 특정 파트의 비전문적인 내용이 마치 정답인 것처럼 실려 있었기 때문입니다. 자신의 아들에겐 통했던 방법일지 모르나, 모든 남아에게 적용하기엔 위험한 전략이었습니다.

"내 아이 이렇게 키웠더니 성공하더라"류의 정보를 볼 때마다 불편한 감정이 드는 것도 그때부터였습니다. 그것은 오직 자신의 아이에게만 통했던 방법일 확률이 높기 때문입니다. 일반화하기 위험한 정보 때문에 많은 아이들의 가능성이 소모된다고 생각하니 안타까움이 밀려왔습니다.

저는 이후 진짜 해답을 찾는 데 몰두했고, 이런 결론에 이르렀습니다.

'검증된 데이터로 설계도를 그리고, 그 필터를 겹겹이 아이에게 적용하여 실패 확률을 줄여나가는 것. 이것이 아들 교육의 본질이다.'

도서 블로그를 운영하던 저는 그때부터 ① 권위 있는 전문가가 ② 짧지 않은 기간 동안 ③ 충분히 많은 표본을 대상으로 얻어낸 연구 결과가 보일 때마다 기록하기 시작했습니다. 그 기록들은 저에게 보물이 되었고, 당신이 지금 읽고 있는 이 책은 그런 보물들만 모아둔 금고입니다.

한편 왜 '아들'만 이야기하느냐고 묻는 분들이 계실지도 모르겠습니다. 이유는 단순합니다. 제가 가르쳐 온 제자 중 95% 이상이 남자아이였기 때문입니다. 저는 최대한 제가 직접 경험하고 검증한 이야기만 쓰고 싶었습니다.

마지막으로, 이 책은 사실 모든 부모를 위한 책은 아닙니다. 아이의 삶을 우연에 맡기지 않으려는 부모, 철저한 계획과 검증된 원리로 아이의 미래를 설계하고 싶은 부모만을 위한 책입니다. 당신이 혹시 그런 부모라면, 축하드립니다. 이 책을 읽고 나면 더 이상 정보의 홍수 속에서 헤매는 일 없이 아들의 실패 확률을 크게 줄일 수 있겠다는 확신을 얻게 될 것입니다.

자, 이제 기존의 모든 낡은 노력을 멈추고, 저와 함께 이 설계도를 펼쳐 봅시다.

차례

프롤로그 : 아이의 삶을 운에 맡길 순 없다 004

PART 1
영아기: 0~3세

1-1 출생 시기 설계
: 경쟁력을 높이는 출생 월의 비밀   017
- 은근한 격차
- 뒤에서 시작해도 앞서갈 수 있다

✓ 실천 체크 리스트 : 생일이 늦은 아이라면

1-2 출생 직후 설계
: 생후 3년, 평생 언어 능력이 결정되는 시기   029
- 3000만 단어의 격차가 만드는 평생의 차이
- 내 아이를 '언어 부자'로 만드는 비법

✓ 실천 체크 리스트 : '언어 부자' 아들 설계법

1-3 오감 설계
: 두뇌 격차를 발생시키는 지혜로운 밑그림   038
- 0~3세, 아이 인생을 좌우하는 감각의 황금기
- 한 발 앞서 나가라
- 당신의 아이를 '감각 천재'로 만드는 비법

✓ 실천 체크 리스트 : '감각 천재' 만드는 오감놀이법

1-4 스마트폰 설계
: 술, 담배보다 해로운 도파민 중독기의 진실   050
- 세계가 경고하는 골든타임, 당신은 알고 있는가?
- 아이의 '뇌'와 '마음'을 병들게 하는 스마트폰의 유혹
- 안 하는 아이는 무엇이 다른가?
- 늦출수록 빛나는 아이의 미래

✓ 실천 체크 리스트 : 스마트폰 사용 시기 조절

PART 2
유아기 : 4~7세

2-1 운동 설계
: 아들 인생 최고의 레버리지 투자, 운동   067
- 4세 아이 뇌, 스펀지처럼 흡수하는 '황금기'
- 4세, '평생 운동 습관'을 심는 골든타임

✓ 실천 체크 리스트 : 운동 설계 핵심 전략

2-2 식습관 설계
: 먹던 습관, 평생을 따라붙는다   074
- 식습관이 왜 중요한가?
- 냉정한 데이터
- 조절하면 좋은 음식 3가지
- 적극적으로 먹여야 할 음식 5가지

- '현명한 선택', 아이의 건강을 지키는 방패

  ✓ 실천 체크 리스트 : 식습관은 평생 간다

2-3 칭찬 설계
: '이런' 칭찬을 받은 아들이 성공한다   084
- 아이의 미래를 바꾸는 치트키
- 칭찬의 함정
- 나쁜 칭찬 vs. 좋은 칭찬
- 칭찬 하나로, 아이의 '인생'을 다시 써라!

  ✓ 실천 체크 리스트 : '칭찬'은 이렇게

2-4 교육법 설계
: 양육법에는 정답이 있다   093
- 당신은 어떻게 교육하고 있는가?
- 40년 연구가 가리킨 '최고의 양육법'
- 권위 있는 양육 방식 예시 1: 도전/책임감 강조형
- 권위 있는 양육 방식 예시 2: 자율성/탐색 강조형
- 다른 모습 같은 본질

  ✓ 실천 체크 리스트 : 권위 있는 육아 설계

2-5 자기조절력 설계   106
: 성적과 사회성을 좌우하는 숨겨진 힘
- 기다려도 좋아지지 않는다
- 놀라운 연구 결과들
- 자기조절력 부족의 후폭풍
- 시스템의 구멍

- 뇌는 자극을 기억한다
- 지금 당장 무엇을 해야 하는가?
- 아이는 혼자 바뀌지 않는다

✓ 실천 체크 리스트 : 일관적 교육의 중요성

2-6 자기효능감 설계
: 미리 축적해 둬야 할 가장 비싼 심리 자산   121

- 아동기, 아이의 '마음 근육'을 키울 기회
- 당신의 '선한 의도'가 아이의 '자신감'을 꺾을 수도 있다
- 3가지 오해
- 지금부터 무엇을 해야 하는가?

✓ 실천 체크 리스트 : 자기효능감을 키우려면

PART 3
아동기: 8~12세

3-1 경쟁력 설계 첫 번째
: 아이의 경쟁력을 끌어올리는 숨은 무기   135

- 한국 아이들의 수면 참혹사
- 수면 부족이 아이 뇌에 가하는 치명적 타격
- 수면과 학업성취도의 놀라운 상관관계
- 운동도 수면이 승부를 가른다
- 수면 부족이 만드는 악순환의 고리
- 과학이 증명한 최적의 수면 설계법
- 수면 투자, 지금 시작해야 하는 이유

3-2 경쟁력 설계 두 번째
: AI가 대체할 수 없는 내 아들만의 기술 150

- '변화'에도 '변함없는' 가치
- AI 시대, 마지막 남은 인간 고유 영역
- 관계력이 학업 성취도까지 좌우한다
- 현장에서 목격한 관계력의 힘
- 과학이 증명한 훈련법
- 관계력이야말로 진짜 미래 경쟁력이다

3-3 경쟁력 설계 세 번째
: 돈 공부, 선택이 아닌 필수 164

- 현실을 깨우는 5가지 숫자
- 유대인
- 돈 공부, 어떻게 시작할까?
- 지금 행동하라

3-4 경쟁력 설계 네 번째
: 왜 꼭 축구여야 하는가? 175

- 숫자로 드러나는 현실
- 집단 규범
- 학교폭력과 축구의 관계
- 축구가 성적을 올린다
- 종목 선택이 인생을 가른다

3-5 경쟁력 설계 다섯 번째
: 하버드가 글쓰기에 목숨 거는 이유 190

- 명문대의 비밀
- 하버드식 사고 훈련을 일상에 심는 법
- 글쓰기의 진짜 본질은 설득
- 왜 지금 시작해야 하는가

에필로그 : 위대한 여정을 이어가고 있는 당신에게 202

PART 1

영아기
: 0~3세

1-1
출생 시기 설계
: 경쟁력을 높이는 출생 월의 비밀

여기, 당신이 인정하고 출발해야 할 현실이 하나 있다. 아이들은 태어날 때부터 이미 수많은 격차를 안고 태어난다는 사실이다. 그것은 타고난 얼굴일 수도 있고, 부모의 자산일 수도 있으며, 두뇌일 수도 있다. 그런데 여기에, 또 하나의 결정적 격차 요인이 있다. 바로 생일이다. 같은 나이여도 언제 태어났느냐에 따라 차이가 발생한다는 이야기다. 그리고 이 격차는 당신이 생각하는 것 이상이다.

많은 부모가 아이의 생일이 성장에 미치는 영향이 얼마나 광범위하고 장기적인지 제대로 알지 못한다. 막연히 "애들 좀 크고 나면 비슷해지는 거 아닌가?"라는 생각을 하는 부모들이 많다.

결론부터 말하자면 격차는 쉽게 줄어들지 않는다.

한 예로 초등학생 때 같은 학년 1월생과 12월생의 차이는 대단히 크다. 더 문제는 생일의 영향이 아이의 인생 전반에 걸쳐 누적된다는 것이다. 이는 통계학적으로 입증된 사실이다. 스포츠 코치로 일하는 나 또한 교육 현장에서 이 차이를 여실히 느낀다. 이 책의 첫 챕터에서 우리는 출생 시기가 아이의 성장과 자신감, 기회에 어떻게 절대적인 영향을 미치는지, 그리고 부모가 이를 어떻게 현명하게 설계하고 대처해야 하는지 파헤쳐 볼 것이다.

은근한 격차

현명한 부모란, 격차의 실체를 인정하고 받아들일 줄 아는 부모다. 그래야만 그 격차를 매울 설계도를 냉정하게 짤 수 있기 때문이다.

아이의 출생 월은 아이의 초기 성장과 자신감, 그리고 미래의 기회에 상상 이상으로 큰 영향을 미친다. 이는 단순히 몇 개월 먼저 태어났다는 의미를 넘어 아이의 인생 경로를 바꾸는 중요한 요소로 작용한다.

왜 이런 현상이 발생할까? 아이들을 보면 그 답이 명확히 드러난다. 보통 학년이 시작하는 연초(1~3월)에 태어난 아이들은 같은 학년의 연말(10~12월)생보다 이해, 습득, 신체 발달 등 전반적 능력이 훨씬 앞선다. 극단적 예를 들어, 1월생 아이와 12월생 아이는 같은 학년이지만, 발달 개월 수는 최대 11개월까지 차이가 날 수 있다. 사실상 다른 학년이라고 보는 것이 맞다. 이 차이는 조금씩 복리 효과를 일으키며 아이들 사이에 큰 격차를 만든다.

문제는 이런 초기 차이가 각각의 아이에게 선순환과 악순환의 고리를 만들어 낸다는 것이다. 생일이 빠른 아이들은 어릴 때부터 또래보다 뛰어난 능력으로 인해 주변의 관심과 칭찬, 더 많은 기회를 받는다. 선생님들은 그저 상대적으로 이해력과 집중력이 뛰어난 아이에게 더 관심이 갈 수밖에 없기 때문이다. 결국 어릴 때부터 주로 "뛰어난"(사실은 성장이 빨라서 뛰어나게 보이는 것일 뿐인) 아이들이 더 많은 사랑과 관심을 독점하게 된다. 아이들이 외부에서 만나는 선생님들은 기계가 아닌 인간이고, 그렇기 때문에 그들 또한 감정에 취약하다. 전문가인 그들조차 자신의 말을 더 잘 이해하고 지시에 잘 따르는 아이에게 관심과 사랑이 더 갈 수밖에 없다.

정리하면 생일이 빠른 아이는 성장이 빠른 만큼 조금 더 이해를 잘한다. 그리고 이는 선생님의 더 큰 관심과 지지를 부른다. 이런 아이는 그렇게 어른의 '관심'과 '칭찬'이라는 심리적 자산을 쌓아나가게 된다. 이런 상황이 생일이 빠른 아이의 자신감과 자기효능감이란 자산 축적에 날개를 달아준다. 결과적으로 이들의 능력 성장에는 가속이 붙는다. 친구들을 물리치고 따낸 인정과 관심이 더 큰 성장으로 이어지는 긍정적 순환을 만드는 것이다.

반대로 생일이 늦은 아이들은 상대적으로 뒤처지는 경험을 하기 쉬운데, 이것이 좌절감과 자신감 저하를 불러오는 경향이 있다. 1학년 아이의 초등학교 입학을 상상해 보자. 늦은 생일로 수업 내용을 잘 이해하지 못하는 아이의 자신감 저하는, 아이의 학업 능력 향상을 방해하고 학업에 대한 관심을 떨어뜨린다. 그리고 이는 더 적은 기회와 심리적 위축으로 이어진다. 이런 태도 때문에 선생님에게 이해력이 낮고 성실하지 않은 아이로 비칠 위험이 생긴다. 이런 상황의 장기화는 결국 선생님의 무관심을 부를 위험이 있다. 선생님이 무관심하니 아이는 공부를 더 하기 싫어진다. 악순환이 시작되는 것이다. 많은 부모들이 아이가 성장하면 이 작은 격차가 줄어들 것이라 기대한다. 그러나 오히려 시간이 갈수록 이 격차는 커질 확률이 크다.

저널리스트 말콤 글래드웰(Malcolm Gladwell)의 베스트셀러 『아웃라이어』에는 국제수학과학연구경향(TIMSS) 성적과 아이들이 태어난 달을 비교 분석한 데이터가 등장한다. 연구 결과, 출생일이 빠른 달에 속하는 학생들이 4~12% 더 좋은 성적을 받은 것으로 나타났다. 연구진은 더 나아가 이들이 성인이 된 후의 대학 성적을 추적했다. 결과는 충격적이었다. 최고 교육 기관인 대학에서조차 같은 연령대 중 생일이 느린 학생들의 성적이 약 11.6% 낮게 나왔다. 성인이 되어서도 이 작은 몇 달의 격차가 사라지지 않은 것이다. '크면 다 비슷비슷해지겠지.' 평범한 부모들의 이런 자기 위로는 현실을 잘 몰라야만 할 수 있는 생각이다.

몸을 쓰는 운동장에서 이 현상은 더욱 극명하게 나타난다. 지난 10여 년간 수많은 아이들을 지도하며 나는 1월생 아이들이 이해도 빠르고 실력도 좋은 경우가 압도적으로 많다는 것을 수없이 경험했다. 반면 또래에 비해 전반적 능력이 떨어지거나, 적응에 어려움을 겪거나, 자신감이 부족한 모습을 보이는 아이들 중에는 유난히 생일이 늦은 아이들이 많았다.

이 차이는 단순히 신체적 부분에서만 그치지 않

는다. 이는 앞서 말했던 학업 성취는 물론, 자기효능감, 심리적 여유, 나아가 사회적 기회 등 여러 부분에 광범위한 영향을 미친다. 놀라운 건 이 불평등을 인지한 나조차도 편향에 빠질 때가 많았다는 것이다. 고백하건대, 나도 능력이 더 좋고 이해가 빠른(당연히 대체로 생일이 빠른) 아이들에게 더 많은 관심과 호의를 주는 경향이 있다는 걸 뒤늦게 깨달았다.

말콤 글래드웰은 이 현상을 '상대적 나이 효과(Relative Age Effect)'라고 명명했다. 그는 **출생 월이 인생의 성공 확률에 지대한 영향을 미친다는** 사실을 세상에 전파한 장본인이다. 그의 책에는 로저 반슬리(Roger Barnsley)라는 심리학자가 발견한 놀라운 현상이 실려 있다. 반슬리는 캐나다 프로 하키 선수들의 프로필을 분석하다가 1월생이 유난히 많다는 놀라운 추세를 발견했다. 캐나다 하키계에는 나이와 상관없이 1~3월생 프로 선수가 가장 많았다. 그는 여기서 멈추지 않고 다른 스포츠 종목과 학업 분야까지 조사를 확대했다. 그 결과 대부분의 분야에서 동일한 효과가 관찰된다는 충격적인 결론에 도달했다.

실제 데이터는 더욱 강력한 증거를 제시한다. 유

럽 축구 국가대표 552명을 분석한 결과, 1월생이 가장 많았고, 상반기(1~6월)에 태어난 선수들이 하반기(7~12월)생보다 압도적으로 많았다. 우리나라 축구 스타들, 박지성(2월생), 기성용(1월생), 이승우(1월생), 황희찬(1월생) 등도 대부분 연초에 태어난 선수들이다.

1990년대 영국 프리미어리그에 이를 입증할 만한 또 다른 재밌는 통계가 있다. 당시 영국의 연령 기준일은 1월 1일이 아닌 9월 1일이었다. 1~12월생을 한 나이로 묶은 게 아니라, 9월부터 다음 해 8월생을 한 나이로 묶었다는 이야기다. 이 시기 몇 월생 선수가 가장 많았겠는가? 당시 연령 기준일이었던 9월 1일에 가까운 9~11월생 선수들이 압도적으로 많았다는 사실은, 이 현상이 우연이 아님을 명백히 보여준다.

운동선수들의 어린 시절을 생각해 보자. 몇 달 앞서 태어나서 갖게 된 신체적 우위는, 아이에게 더 많은 기회와 연습 시간을 부여할 환경을 만들어준다. 예를 들어 (일찍 태어나서) 키가 크고 빠른 아이일수록 조기 엘리트반 입성이 더 수월하다. 엘리트반은 더 많은 연습량과 경기 경험을 선사한다. 이는 아이의 실력을 더 높인다. 바로 여기서, 늦은 생일 때문에 이 기회를 놓친 아이들과 후천적 격차가 발생하는 것이다. 누누이 강조하지만 이 격차는 시간이 갈수록 커지는 경향이 있다. 아이에게 있어 작은 차이, 몇 달 일찍 태어났느냐 늦게 태어났느냐가, 성인이 돼서 그 아이가 선수가 되느냐 마느냐에 영향을 끼치는 것이다.

출생 월이 아이의 인생에 미치는 영향은 단순한 우연이나 일시적인 현상이 아니다. 이는 통계적으로 입증된 강력한 효과이며, 부모가 이를 인지하고 현명하게 대처하지 않는다면 아이의 인생에 큰 영향을 미칠 수 있다. 아이의 인생은 분명 일찍 태어날수록 유리하다. 아이 인생 설계는 아이가 세상에 나오기 전부터 시작해야 한다는 나의 확신은 바로 여기서 비롯된 것이다.

뒤에서 시작해도 앞서갈 수 있다

생일 격차는 거부할 수 없는 진실이다. 만약 당신이 이미 늦은 출생 월을 가진 아들을 두었다면 앞으로 어떻게 해야 할까? 출생 월은 분명 아이 인생에 영향을 주지만, 절대적 요소는 아니다. 핵심은 부모가 현상을 정확히 인지하고 전략을 세워 지혜롭게 관리해 나가는 것에 있다. 현명한 설계는 생일이 늦은 아이에게도 전혀 다른 결과를 가져올 수 있으며, 오히려 이 과정을 통해 아이를 더욱 단단한 정신력을 갖춘 '아웃라이어[1]'로 만들 수도 있다.

기억하라. 당신에게 아직 아이가 없다면 가급적 연초에 낳을 수 있도록 설계하자. 그러나 아이의 생일이 늦다고 미리 좌절할 필요는 없다. 생일이 늦은 아이도 부모의 현명한 믿음과 지지 속에서는 전혀 다르게 성장할 수 있다. 오히려 이 상황을 기회로 아이와 더 깊이 소통하고 아이의 속도를 인정하며 진정한 사랑을 표현하는 기회로 삼자.

당신의 현명한 케어가 뒷받침된다면 아이는 초기 한계를 극복하는 과정에서 더욱 단단한 정신력을 갖추며 성장할 것이다. 아이의 출발이 늦었다고 결코 끝은 아니다. 당신의 선택에 따라 오히려 그 늦은 시작이 더 큰 성취와 강한 정신력을 만들어 낼 기회가 될 수도 있다. 유재석, 손흥민, 펠레(Pele), 마라도나(Diego Maradona), 르브론 제임스(LeBron

---

[1] 보통 범주를 벗어나 큰 성취를 이룬 사람. 이는 개인 능력뿐 아니라 환경, 기회, 노력의 결합으로 이루어진 성과를 말한다.

James)…. 당장 생각나는 '생일이 늦은 아웃라이어'들의 명단이다. 먼 훗날, 이 명단에서 당신 아들의 이름을 찾을 수 있게 되길 진심으로 바란다.

다음은 생일이 늦은 아이를 둔 부모들이 반드시 알아야 할 실천 지침이다.

 실천 체크 리스트 : 생일이 늦은 아이라면

① 비교하지 마라

또래에 비해 늦는 모습을 보고 조바심이 일어 아이에게 실망감을 표출하는 등 어리석은 행동은 하지 말길 바란다. 오히려 같은 학년이라도 아이의 발달 속도에 차이가 있음을 인정하고, 아이에게 이 차이는 자연스러운 것이라고 설명하라. 부모가 이 부분에 확실한 철학이 있어야 아이가 심리적으로 흔들리지 않는다. 또래 친구와의 성과 비교는 아이의 자신감을 깎아내리는 가장 위험한 행동이다.

② '지금 이 정도면 충분하다'는 믿음을 주어라

이는 ①의 연장선이다. 아이의 발달 속도에 맞춰 기대를 조절하고 적절한 피드백을 줘야 한다. '남들보다 늦다'라는 생각이 들 때마다 오히려 아이에게는 "지금 이 정도면 충분하다", "너는 잘하고 있다" 같은 긍정적인 메시지를 꾸준히 전달하라. 어린 시기일수록 아이 스스로 '나는 잘하고 있어'라는 믿음 속에 살 수 있게끔 심리적 여유를 만들어 줘야 한다. 아이의 자기효능감은 전적으로 부모에게 달렸다는 사실을 명심하라. 아이의 눈치는 생각보다 빠르다. 어른의 조바심과 불안함은 아이에게 고스란히 전달되어 평생의 패턴이 될 수 있으니, 늘 여유로운 마음으로 아이의 노력 자체에 공감과 지지를 보내는 자세가 필요하다.

③ 아이의 '자신감 통장'에 잔고를 가득 채워라

가정에서뿐만 아니라 외부에서도 관리가 필요하다. 선생님들에게 아이의 생일이 늦다는 사실을 명확히 인지시키고 적절한 칭찬을 부탁하라. 가정뿐 아니라 외부에서도 "충분히 잘 따라가고 있다"는 메시지를 반복해서 던져줘야 한다. 이는 아이가 느끼는 상대적 박탈감을 줄이고 긍정적인 자아상을 형성하는 데 결정적인 역할을 한다.

④ '외톨이'로 남겨두지 마라

만약 아이가 초기 단체 생활에 적응하기 어려워한다면, 그룹 활동에서 소외되지 않도록 각별히 신경 써야 한다. 필요하다면 부모나 선생님 같은 어른이 중재자로 나서서 아이가 집단에 잘 어울릴 수 있도록 도와야 한다. 은근한 개입이 필요하다는 이야기다. 단체 생활

> 에서의 관계 또한 생일이 늦은 아이에게는 중요한 부분이므로 늘 주시하고 관리해야 한다.

Key Point

출생 월은 분명 아이의 초기 성장과 기회에 영향을 미친다. 그러나 부모의 현명한 설계와 지지가 있다면, 오히려 늦은 생일이 아이의 잠재력을 폭발시키고 '역전승'을 이끌어낼 가장 강력한 무기가 될 수도 있다.

1-2 출생 직후 설계

: 생후 3년, 평생 언어 능력이 결정되는 시기

아동 두뇌 관련 연구 결과들을 볼 때마다 이런 생각을 멈출 수 없다. '아이들의 인생은 초기에 너무 많은 것들이 결정되는구나.' 안타깝게도 인간의 전반적 능력 발달이 출생 직후 빠르게 진행되고 빠르게 마감된다는 연구 결과들이 많기 때문이다. 그중에서도 내가 가장 잔인하다고 생각하는 부분 중 하나가 언어 능력 격차에 관한 연구다. 결론부터 말하면 출생 직후, 특히 '생후 3년 간 부모가 자식에게 주입하는 언어(단어)의 양과 질'이 많은 것을 결정한다. 이는 아이의 평생 언어 능력은 물론, 학업 성취와 사회성, 궁극적으로 삶의 경쟁력까지 결정하는 강력한 요인이다. 사실, 초등학교 입학 후 많은 부모들이 국어 학원이나 독서 학원에 돈을 쏟는다. 최근에는 문해력에 대한 관심이 생기면서 인기가 더 많아진 듯한 느낌이 든다. 그런데 이 시기에 부랴부랴 학원을 보내는 것과는 비교도 안 되는 고효율이 생후 3년 사이에 발생한다. 아이의 출생 직후, 부모가 쏟는 3년간의 집중이, 아이 언어 능력 발달에 그 무엇보다도 큰 영향을 끼친다. 이 챕터에서 나는 왜 이 시기의 언어 자극이 그토록 중요한지, 그리고 아들의 미래를 위해 당신이 당장 무엇을 해야 하는지 냉철하게 분석하고 구체적인 실천 전략을 제시할 것이다.

3000만 단어의 격차가 만드는 평생의 차이

출생 직후, 즉 0세에서 3세 사이 부모의 언어 사용과 대화량이 아이의 평생 언어 능력과 인지 발달에 결정적인 영향을 미친다. 이 시기의 언어 자극은 곧 아이의 미래 경쟁력을 좌우하는 핵심 동력이다.

왜 이 시기의 언어 자극이 그토록 중요할까? 그 근거는 명확하다. 놀랍게도 뇌의 90%는 0~3세 사이에 완성된다. 뇌 과학자들은 이 시기야말로 뇌가 스펀지처럼 모든 정보를 흡수하고, 신경망을 폭발적으로 형성하는 골든타임이라 입을 모은다. 그중에서 특히 언어와 관련된 뇌 영역은 이 시기에 가장 활발하게 발달한다.

1995년, 캔자스 대학의 베티 하트(Betty Hart)와 토드 리즐리(Todd Risley)가 발표한 '3000만 단어 격차(30 million word gap) 연구'가 이 주장을 뒷받침하는 결정적인 증거다. 그들은 다양한 사회·경제적 배경을 가진 가정의 아이들을 대상으로 0세부터 3세까지 부모와의 대화량을 추적 조사했다. 결과는 충격적이었다. 언어 자극이 가장 풍부한 환경에서 자란 아이들과 가장 빈약한 환경에서 자란 아이들 사이에는 3년 동안 무려 3000만 단어의 노출 격차가 있었다. 이 격차는 아이가 초등학교에 들어갈 무렵의 언어 능력, IQ, 학업 성취도, 심지어 사회성까지 현격한 차이로 이어졌다. 나중에 아이가 성인이 되면 좀 나아질까? 연구진들은 이 격차가 성인이 되어서도 줄어들지 않았다는 사실을 확인했다. 출생 직후 3년이, 아이의 평생 언어 능력을 쥐고 흔들어 버렸다는 이야기다. 즉, 출생 직후 3년간 부모가 아이에게 어떤 언어 환경을 제공하는지가 아이의 인생 경로를 결정하는 셈이다. 다시 강조하지만 이때의 언어 교육이 초등학생이 다 돼서 아이를 학원에 보내는 것보다 훨씬 큰 효율을 낸다. 출생 직후 설계가 수억 원의 교육비보다 더 강력한 효과를 발휘하는 것이다.

내 제자들 중에서도 유난히 언어 능력이 좋은 아이들이 있다. 언어 능력이 좋은 아이들은 수업 시간에도 확실히 차이를 드러낸다. 이들은 대체로 학습 능력이 빠르고, 복잡한 전술도 잘 이해하고, 팀원들과의 소통 및 문제 해결 능력이 뛰어나다. 특히 자신의 감정을 효과적으로 표현하고 타인의 감정을 깊이 이해하는 감성 지능(EQ) 또한 뛰어나다. 경기 중 친구가 쓰러져 있을 때의 대처, 자신이 실수로 친구를 다치게 했을 때의 대처 등에서 유난히 성숙한 모습을 보인다. 이처럼 언어 능력은 확실히 학업이나 스포츠뿐만 아니라 전반적인 사회성 발달에까지 긍정적인 영향을 미치는 걸로 보인다. 실제로 (통화, 문자 등을 통해 판단한 결과) 부모님의 언어 능력이 뛰어난 가정에서 자란 아이들이 또래와의 상호작용에서도 훨씬 능동적이고 자신감 있는 모습을 보였다.

그렇다면 이런 아이로 만들기 위해 이 시기에 어떤 식으로 언어를 주입해야 하는가? 단순히 '많이 말하는 것'은 핵심이 아니다. 컬럼비아 대학 뇌 과학 연구원이자 영유아 교육 전문가인 그리어 커셴바움(Greer Kirshenbaum) 박사가 강조하듯, **아이와의 상호 작용, 질문, 책 읽어주기, 감정 교류가 핵심이다.**[2] 결국 양도 양이지만 그보다도 방식이 중요하다는 이야기다. 일방적 단어 주입이 아니라, 아이의 반응에 귀 기울이고, 질문하고, 아이의 감정을 읽어주고, 함께 나누는 과정에서 언어 능력의 폭발이 발생한다. 이 과정에서 아이의 뇌는 평균 대비 더욱 복잡하고 풍부한 신경망을 구축하게 되는 것이다. 그리고 부모의 이런 설계는 아이의 평생 학습 능력과 위기를 극복하는 힘, 즉 회복탄력성을 키우는 자양분으로까지 이어진다.

출생 직후 3년, 이 기간은 아이들의 뇌 발달 황금기이며 이때 주어지는 언어 자극은 아이의 평생 경쟁력을 좌우하는 가장 강력한 설계 요소다. 이 시기의 작은 언어 자극이 아이 인생의 큰 문을 여는 열쇠가 될 수 있다는 점을 명심하자.

---

[2] 『0~3세 기적의 뇌 과학 육아』, 이은정 옮김, 21세기북스, 2024.

내 아이를 '언어 부자'로 만드는 비법

아이가 0~3세 시기라면 이 챕터를 두고두고 읽으며 남은 기간에 집중하라. 한편 이미 0~3세 시기를 지났더라도 실망할 필요는 없다. 늦었다고 생각할 때가 가장 빠른 때다. 중요한 건 현상을 정확히 인지하고 지금부터라도 아이에게 양질의 언어 자극을 제공하는 것이다. (자녀가 이미 초등학생이라면 다음 실천 체크 리스트 ⑤, ⑥번을 주목하라.) 당신의 노력은 아이의 뇌를 끊임없이 성장시키고 부족했던 부분을 채워나갈 수 있는 기회를 제공할 것이다.

기억하라. 당신 아이의 미래는 당신이 지금 던지는 단어 하나하나를 부품 삼아 설계된다. 이 황금기를 놓치지 마라. 당신의 노력이 쌓여 아이의 뇌는 더욱 풍요로워질 것이고, 그 안에서 당신의 아들은 '언어 부자'가 되어 어려운 상황에서도 늘 빛을 발하는 아이로 성장할 것이다.

다음은 당신이 아들을 '언어 부자'로 만들고, 인생 경쟁력을 끌어올리기 위해 반드시 실천해야 할 지침이다.

✓ 실천 체크 리스트 : '언어 부자' 아들 설계법

① '상호 작용' 없는 대화는 죽은 언어다

일방적인 단어 주입을 넘어 아이의 반응에 귀 기울이는 것이 핵심이다. 특히 아이가 1~3세라면, 옹알이를 하거나 몸짓으로 무언가를 표현할 때조차, 그것을 언어로 해석해 주고 질문을 던져라. 해당 시기 "이것 하고 싶어?", "재미있어?"와 같이 아이의 생각을 유도하는 질문은 뇌의 사고력을 깊게 자극한다.

② '침묵'이 뇌를 가난하게 만든다

아이가 깨어 있는 시간 동안 가급적 많이 말을 걸어라. 단순히 '밥 먹자', '잘 자' 같은 기능적인 언어를 말하는 것이 아니다! 주변 사물에 대한 설명, 자신의 감정 표현, 아이의 행동에 대한 반응 등 다양한 단어와 문장을 사용해야 한다. 아이가 반응하지 않더라도 계속해서 이야기하는 것이 중요하다.

예를 들면 이런 방식이다.

"엄마가 들고 있는 건 따뜻한 물컵이야. 너한테는 뜨거울 수 있으니까 조심해야 해." (주변 사물)

"아빠는 지금 기뻐. 네가 웃으니까 행복해." (감정)

"우리 ○○이가 만진 공이 데굴데굴 굴러간다! 대단해!" (아이 행동에 반응)

③ '책'은 최고의 언어 선생님이다

아이가 한 살이라도 어릴 때 매일 규칙적으로 아이에게 책을 읽어주는 습관을 들여야 한다. 그림책을 읽어주며 그림 속 사물을 설명해 주고, 내용에 대한 질문을 던져라. 단순히 읽어주는 것을 넘어, 다양한 목소리 톤과 표정으로 흥미를 유발하고 언어에 대한 긍정적인 경험을 심어주는 것이 핵심이다.

④ 특히 '감정'을 표현하는 단어를 가르쳐라

기쁘고 슬프고 화나고 행복한 모든 감정을 언어로 표현하는 방법을 가르쳐라. 아이가 어릴수록 울거나 웃을 때 "슬펐구나", "정말 기쁘구나" 하는 방식으로 아이의 감정을 읽어주고, 상황에 맞는 적절한 단어를 사용해 주자. 감정 어휘는 사회성과 공감 능력 발달에 지대한 영향을 미친다.

⑤ 초등학생이라면, 대화 기반 독서를 시작하라

대화 기반 독서란 부모가 책을 함께 읽으며 대화로 사고를 확장시키는 독서법이다. "주인공은 왜 이렇게 행동했을까?", "여기서 무슨 일이 생길 것 같아?", "네가 작가라면 어떤 결말로 바꿔볼래?" 이런 식으로 확장형 질문을 던지는 것이 포인트다. 대화 기반 독서에서 사용하는 어휘력 및 문장력은 당장의 학업 성취도에 직결되므로 이 시기 현명한 솔루션이다.

⑥ 대화의 질을 높여라

의도적으로 복잡하고 풍부한 어휘를 사용하라. 이는 내가 현장에서 생각이 성숙하다고 생각되는 제자의 부모에게 늘 추천하는 교육법이다. 예를 들어 어떤 질문을 할 때 "이건 왜 이런 것 같아?" 보다는 "이런 현상이 왜 발생했다고 생각해? 그 이유를 논리적으로 설명해 줄래?" 하는 식이다. 이런 대화 또한 사고력, 독해력, 자기 표현력 등을 두루 확장시키므로 초등학생 시기 추천할 만한 솔루션이다.

Key Point

출생 직후 언어 자극의 양과 질은 아이의 평생 경쟁력을 결정한다. 당신의 꾸준하고 의식적인 언어 상호 작용만이 아이의 뇌를 깨우고 미래를 바꿀 수 있다.

1-3
오감 설계
: 두뇌 격차를 발생시키는 지혜로운 밑그림

0~3세 시기, 오감[3]을 어떻게 자극하느냐에 따라 아이의 인생이 180도 달라진다는 사실을 알고 있는가? 많은 부모가 오감 놀이를 단순히 장난감 가지고 노는 시간 정도로 여긴다. 그러나 그 영향력이 아이의 두뇌 발달, 학습 능력, 창의성, 심지어 사회성까지 결정하는 핵심 요소라는 것을 제대로 아는 경우는 드물다.

0~3세, 아이 인생을 좌우하는 감각의 황금기

0~3세 시기의 오감 자극은 아이의 뇌 신경망 확장

---

[3] 시각, 청각, 촉각, 후각, 미각.

성을 결정한다. 이 시기에 감각을 충분히 발달시켜 둔 아이와 그렇지 않은 아이 사이의 격차는 생각보다 크다. 이 시기의 오감 경험은 곧 아이의 미래 경쟁력을 좌우하는 핵심 동력이 된다. 이 챕터에서 우리는 왜 이 시기의 오감 설계가 그토록 중요한지, 그리고 당신이 아들의 미래를 위해 당장 무엇을 해야 하는지 과학적 근거와 함께 파헤쳐 볼 것이다.

왜 이 시기 오감 자극이 그토록 중요한가? 이전 챕터에서 나는 "인간 뇌의 90%가 완성되는 시기가 0~3세"라 말했다. 신생아의 뇌는 출생 직후 성인의 약 25% 크기에 불과하지만, 3세 무렵에는 80~90%까지 성장한다. 이 시기가 바로 뇌가 스펀지처럼 모든 정보를 흡수하고, 신경망을 폭발적으로 형성하는 골든타임이다. 특히 언어와 더불어 감각과 관련된 뇌 영역이 이 시기에 가장 활발하게 발달한다. 뇌 과학자들의 연구에 따르면 2~3세 무렵 아기의 시냅스[4] 수는 자그마치 성인의 2배 이상이다. 그리고 이 시기 적극적으로 사용하지 않는 시냅스는 가지치기 과정을 거쳐 사라져 버린다. 즉, 이 시기에

---

4 신경세포(뉴런)와 다른 세포 사이에서 신호를 주고받는 연결 부위. 뇌의 학습·기억·발달에 핵심적인 역할을 한다.

집중적으로 다양한 오감 자극을 경험할수록 많은 시냅스가 발달하고 유지되어 더욱 효율적인 뇌 네트워크가 형성되는 것이다. 이것이 바로 '신경가소성'[5]의 핵심 원리다.

1970년대 작업 치료사이자 뇌 과학자인 진 에어즈(Jean Ayres) 박사가 개발한 '감각통합 이론(Sensory Integration Theory)'은 이 현상을 뒷받침하는 결정적인 증거다. 에어즈 박사는 아이들이 시각, 청각, 촉각, 미각, 후각뿐만 아니라 전정감각(균형)과 고유수용감각(몸의 위치 인식)을 통해 세상을 이해하고 학습한다는 것을 과학적으로 입증했다. 그는 감각통합이 제대로 이루어지지 않을 경우 학습장애, 주의력 결핍, 사회적 적응 등 다양한 문제가 발생할 수 있다고 경고했다.

마리아 몬테소리(Maria Montessori) 박사 역시 100년 전부터 감각 교육의 중요성을 강조했던 것으로 유명하다. 몬테소리는 "손은 뇌의 도구"라고 말하며, 아이들이 손으로 직접 만지고 경험하는 감각적 학습이 추상적 사고의 기초가 된다고 주장했다. (시대

---

5 뇌가 경험과 학습에 따라 스스로 변하고 새롭게 연결되는 성질. 아기가 자라면서 시냅스가 만들어졌다가 필요 없는 연결은 줄어들고, 자주 쓰는 연결은 더 튼튼해진다.

를 감안하면 굉장한 혜안이다.) 실제로 몬테소리 교육을 받은 아이들은 전통적 교육을 받은 아이들보다 창의성, 문제 해결 능력, 사회성에서 더 뛰어난 성과를 보였다.

나는 이 오감 자극이 아이 인생 전반의 경쟁력을 강화시킬 정도로 강력한 무기라고 생각한다. 국내 연구[6]에 따르면 오감융합놀이 교육을 받은 유아들은 언어 창의성, 도형 창의성, 창의적 성격 모든 영역에서 통계적으로 유의미한 향상을 보였다. 또한 감각 활동에 기초한 놀이가 유아의 놀이성과 창의적 신체 표현 능력을 크게 향상시킨다는 연구 결과도 꾸준히 축적되고 있다.

운동장에서도 아이들의 오감과 수행 능력이 밀접하게 비례하는 모습이 관찰된다. 일례로 다른 색상의 콘을 빠르게 찾아 드리블로 이동하기, 휘슬 소리에 반응하여 빠르게 패스하기 등을 시켜보면 오감의 발달 정도를 느낄 수 있다. 대체로 이런 감각이 뛰어난 아이들일수록 학습 능력이 빠르다. 복잡한 전술 이해도, 팀원들과의 소통 및 문제 해결력까

---

[6] 「오감융합놀이 활동이 유아의 창의성 증진에 미치는 효과」, 김미정, 2018.

지 전반적 능력이 확실히 높다. 흥미로운 점은 이전 챕터의 언어와 마찬가지로, 오감이 풍부한 아이일수록 자신의 감정을 효과적으로 표현하고 타인의 감정을 깊이 이해하는 감성 지능도 뛰어나다는 것이다. 이 복합적 감각은 단순히 공부나 스포츠뿐만 아니라, 전반적인 사회성 발달에까지 영향을 끼치는 것으로 보인다.

다만 오감 발달을 위해 단순히 '많은 자극'을 주는 것은 곤란하다. 통합적이고 다양한 종류의 자극을 주는 것이 중요하며, 한 가지 감각을 반복적으로 자극하는 것보다 오감을 모두 사용하는 놀이가 훨씬 더 효율적으로 뇌 발달을 촉진한다. 특히 부모와의 상호 작용을 통한 오감놀이는 양방향 의사소통 능력을 발달시키고, 정서적으로는 애착 관계를 증진시키며, 동시에 전체적으로 뇌에 자극을 주기 때문에 고른 뇌 발달을 이끄는 데 매우 중요한 역할을 한다. 주변에 오감놀이터 등 관련 기관이 있다면 돈과 시간을 아끼지 말고 이 시기 적극적으로 오감 발달에 투자할 것을 권장한다.

0~3세 시기, 이 기간은 몇 번이나 강조해야 할 아이 뇌 발달의 황금기다. 이때 주어지는 오감 자극은 아이의 평생 경쟁력을 좌우하는 강력한 설계 요

소다. 작은 감각 자극이, 아이의 평생을 설계할 수 있다. 지금이 바로 그 시작점이다.

한 발 앞서 나가라

명심해야 할 것은 부모의 오감 교육이 활발할수록 아이의 뇌가 더 빠르게 성장한다는 사실이다. 오감 자극이야말로 뇌 성장의 핵심이며, 부모의 태도가 결정적이다. 그동안 아이에게 얼마나 많은 감각 경험을 선물했는가? 그동안 부족했다는 생각이 들었다면 앞으로는 반드시 하루 중 오감 자극 시간을 만들어 주자. 아이가 깨어 있는 동안 시간을 내서 다양한 감각 놀이를 통해 지속적으로 자극을 제공해야 한다. 돌 이전에는 감각 자극 중심의 놀이를, 돌 이후에는 아이가 직접 체험할 수 있는 놀이로 변화를 주는 것이 좋다. 놀이 시간은 15~30분 내외로 하되, 아이의 반응을 보며 유연하게 조절해 주자.

  부모와의 상호 작용 또한 중요한 부분이다. 아이가 영아기라면, 신호에 민감하게 반응하는지 수시로 체크하자. 아이가 칭얼거리거나 눈을 자주 비비는 경우, 하품을 자주 하거나 멍한 눈빛을 보일 때는 놀이를 잠시 멈추는 것이 좋다. 이 교육은 특히 부모의 마음이 여유로울 때 하는 것을 추천한다. 무엇보다 부모의 마음이 편안해야 아이에게 긍정적인 영향을 줄 수 있기 때문이다. 부모의 따뜻한 눈빛, 말투와 손길이야말로 아기에게 있어 최고의 놀이 자극이라는 것을 잊지 말자.

그럼에도 안전이 최우선. 아이의 탐색 욕구를 꺾지 말되 위험은 차단하자. 놀이 재료는 아이가 입에 넣지 않도록 주의하고 너무 작은 부품이나 날카로운 모서리가 있는 물건은 피한다. 아이의 감각 상태가 예민한지 둔감한지를 살펴 자극의 강도를 조절해야 한다. 무엇보다 아이가 즐거워하는 반응을 보이지 않는다면 잠시 중단하고 쉬는 것이 좋다.

기억하라. 당신 아이의 뇌는 지금 이 순간에도 성장하고 있다. 당신이 오늘 제공하는 오감 경험 하나하나가 아이의 뇌에 새로운 신경망을 만들고, 평생의 학습 능력과 창의력을 결정한다. 당신의 노력이 쌓여 아이의 뇌는 더욱 풍요로워질 것이고, 그 안에서 당신의 아들은 세상을 더 깊이 이해하고 더 창의적으로 사고하는 아이로 성장할 것이다.

당신의 아이를 '감각 천재'로 만드는 비법

이제 실제로 감각 교육을 어떻게 해야 할지 살펴보자.

아이가 0~3세 혹은 그 이전이라면 아래 실천 체크 리스트를 반드시 수행하는 것이 좋다. 그렇다면 이미 0~3세 시기를 지난 아이를 둔 부모는 어떻게 해야 하는가? 언어 발달과 마찬가지로 지금부터라도 아이에게 양질의 오감 자극을 제공하기 위해 노력해야 한다. 아래 리스트에는 4세 이상에게 적합한 활동도 포함되어 있으니 잘 읽어보기 바란다. 중요한 것은 당신의 관심이다. 당신의 꾸준한 노력만이 아이의 뇌를 끊임없이 성장시키고 부족했던 부분을 채울 수 있다.

다음은 당신이 아들을 '감각 천재'로 만들고, 폭발적인 두뇌 성장을 끌어올리기 위해 반드시 실천해야 할 지침이다.

> **실천 체크리스트 : '감각 천재' 만드는 오감놀이법**
>
> ① 시각 자극, 단순한 '보여주기' 그 이상을 노리자
> 아이와 눈을 마주치고 다양한 색깔의 장난감이나 그림

책을 보여준다. 아기의 시선이 움직이는 방향에 따라 부모가 몸의 위치를 바꿔주면 집중력이 높아진다. 특히 신생아는 흑백 대비가 뚜렷한 시각 자료를, 돌 이후에는 다양한 색상의 블록과 그림책을 활용한다. 까꿍놀이나 그림자놀이를 통해 시각적 호기심과 상상력을 자극하는 것도 효과적이다. 만약 아이가 4세 이상이라면, 복잡한 그림책에서 특정 사물 찾기 놀이, 조각 그림 맞추기, 다양한 색깔 블록으로 구조물 만들기, 자연에서 찾은 나뭇잎이나 꽃으로 작품 만들기 등 좀 더 추상적이고 창의적인 시각 활동을 시도해 볼 수 있다.

② '의미 있는 소리'를 들려주며 소통하라

일상 속 소리(청소기, 전화벨, 동물 소리 등)를 들려주고, 부드러운 목소리로 이야기하거나 노래를 불러주는 것도 좋다. 악기(탬버린, 실로폰) 소리 또한 유익하다. 중요한 건 소리에 대한 아이의 반응을 살피고 그에 맞춰 상호 작용하는 것이다. "지금 창밖에서 무슨 소리가 들려오는 것 같은데, 이게 무슨 소리일까?"와 같은 질문으로 아이의 청각을 깨워주는 것도 좋은 방법이다. 만약 아이가 4세 이상이라면, 다양한 소리를 듣고 어떤 소리인지 맞혀보는 놀이를 하거나, 소리에 대한 느낌이나 이야기를 자유롭게 표현하게 하여 청각과 언어 발달을 함께 촉진할 수 있다.

③ 촉각 자극, 아이의 손과 발이 세상의 모든 질감을 경험하게 하라

부드러운 천, 거친 수세미, 차가운 얼음, 말랑한 젤리, 쫀득한 밀가루 반죽 등 다양한 질감을 만져보게 하라. 아기의 손바닥과 발바닥으로 촉감을 느끼게 하면 촉각 발달에 도움이 된다. 집에 있는 식재료(두부, 미역, 국수, 곡물류 등)로도 충분한 촉각 놀이가 가능하다. 아이가 직접 만지고 뭉개고 흩뿌리는 과정에서 뇌의 신경망이 활발히 연결된다. 만약 아이가 4세 이상이라면, 찰흙이나 점토로 특정 형태를 만들거나 눈을 가리고 다양한 질감의 물건을 만져보고 맞추는 감각상자 놀이, 모래나 흙으로 놀이터에서 다양한 구조물을 만드는 등 더욱 적극적이고 조작적인 촉각 탐색 활동을 권장한다. 앞서 말했듯 여러 오감놀이터를 방문하여 체험시키는 것 또한 훌륭한 방법이다.

④ 다양한 맛 경험이 아이의 뇌를 깨운다

식사나 간식 시간을 활용해 다양한 음식을 맛보게 하라. 음식의 색, 냄새, 맛을 이야기하며 소통하면 미각과 언어 발달이 함께 이루어진다. (단, 너무 자극적인 맛은 피하자.) 예를 들어 아이가 수박을 처음 먹어볼 때는 "수박을 만져보니까 느낌이 어때? 시원해? 미끌미끌해? 입에 넣고 냠냠 씹을 때는 어떤 맛이 나?"와 같은 대화를 나누는 게 좋다. 아이가 4세 이상이라면, 제철 과일이나 채소를 직접 고르고 요리에 참여하게 하여 식재료 본연의 맛과 향을 탐색하게 한다. 또한 쓴맛, 단맛, 신맛, 짠맛 등 기본적인 맛의 개념을 언어로 연결하는 놀이를 통해 미각의 섬세함을 길러줄 수 있다.

⑤ 후각 자극, 자연의 향기가 아이의 감성을 키운다

오렌지, 바나나, 허브, 꽃 등 자연의 향을 맡게 해주자. 여기서 중요한 건 부모의 체취가 아기에게 커다란 심리적 안정감을 준다는 것이다. 일상생활에서 아기와 할 수 있는 가장 좋은 후각 자극 놀이는 엄마, 아빠를 안아보며 자연스레 체취를 맡는 놀이다. 부모의 품에 안겨 맡는 냄새는 아기의 후각을 자극함과 동시에 심리적인 안정감을 선사할 수 있다. 만약 아이가 4세 이상이라면, 눈을 가리고 향수를 맡아보거나 다양한 향신료의 냄새를 맡아보고 어떤 향이 나는지 이야기해보는 놀이를 시도할 수 있다. 숲이나 공원 등 자연을 산책하며 풀, 흙, 꽃 냄새 등 자연의 다양한 향기를 맡고 표현하는 활동도 후각 발달과 감성 지능 향상에 도움이 된다. 그러니 부디 아이가 어릴수록 이런 외부 활동에 시간을 아끼지 말아야 한다.

Key Point

0~3세 오감 자극은 아이의 평생 두뇌 능력을 결정한다. 부모의 의도적이고 지속적인 오감놀이만이 아이를 '감각 천재'로 만들 수 있다.

1-4 스마트폰 설계

: 술, 담배보다 해로운 도파민 중독기의 진실

놀이터, 식당, 공원…. 걸음을 멈추고 한번 살펴보라. 아이들의 시선은 마치 주문에 걸린 듯 작은 화면에 고정되어 있다. (미래의) 당신 아들 역시 다르지 않을 것이다. 통계에 따르면 초등학생 열 명 중 아홉 명은 이미 스마트폰을 가지고 있다고 한다.[7] 그리고 그들이 하루에 스마트폰 화면을 보는 시간이 평균 3시간을 넘어선다. 사실 스마트폰이 학업을 방해한다는 우려 정도는 당신도 이미 하고 있을 것이다. 그러나 막연히 걱정만 할 뿐, 실제로 아이 두뇌 발달 전반에 어떤 영향을 끼치는지까지는 정확히 모를 수 있다.

---

[7] 국제구호개발 NGO 굿네이버스, 2017년 발표.

결론부터 이야기하겠다. 스마트폰을 늦게 쥐여줄수록 아이의 성공 확률은 압도적으로 올라간다! 이 문장은 두 가지를 의미한다. 첫 번째는 스마트폰이 그만큼 아이에게 치명적이란 뜻이다. 그리고 두 번째 의미가 중요한데, 스마트폰 시대에 태어난 것이 아이에겐 오히려 행운으로 작용할 수도 있다는 뜻이다. 다른 부모들이 다 주는 걸 그냥 눈 딱 감고 늦게 주면, 그 자체로 경쟁력이 올라가니까! 개인적으로는, 중학교 입학 때까지만 스마트폰 도입을 미뤄도 아들의 잠정적 손해를 크게 줄일 수 있다고 생각한다. 이번 챕터에서는 왜 스마트폰 도입을 최대한 늦춰야 하는지, 그리고 당신이 이 손해를 막기 위해 어떤 설계를 해야 하는지 분석하고 실천 전략을 제시할 것이다.

세계가 경고하는 골든타임, 당신은 알고 있는가?

정신과 전문의인 안데르스 한센(Anders Hansen)은, 스마트폰 탄생 이후 인간에게 발생한 여러 변화에

강한 우려를 나타내고 있다.[8] 이제 스마트폰 없이는 살 수 없는 시대가 되었다곤 하지만 사실 이 기기는 상용화된 지 20년도 채 되지 않은 도구다. 조기 스마트폰 사용이 아이들 뇌 발달에 어떤 영향을 미치는지 파악하기에 20년이란 시간은 너무나 짧다. 이 말은 지금까지 나온 연구 결과들은 극히 일부에 불과하다는 뜻이다. 그러나 당장 현재까지의 연구 결과들만 놓고 보더라도 이미 악영향이 너무나 크다. 스마트폰이 뇌 발달에 미치는 부정적 영향은 생각보다 훨씬 심각하다.

최신 발달심리학 연구들은 7세 이전 스마트폰 도입이 뇌 발달, 자기조절, 충동 억제, 사회성, 공감 능력, 학업 집중력에 부정적인 영향을 미친다는 것을 반복적으로 입증하고 있다.[9] 조기 스마트폰 도입은 뇌에 전방위적인 악영향을 미친다. 스마트폰 조기 도입에 따른 인지력 저하, 수면 장애, 불안과 우울 등 정신 건강 악화, 사회성 저하, 중독적 행동 패턴 형성 등에 대한 대규모 연구 결과[10]를 보고 있자면

---

8 『인스타 브레인』, 김아영 옮김, 동양북스, 2020.
9 『인스타 브레인』, 안데르스 한센 지음, 김아영 옮김, 동양북스, 2020.
10 「Protecting the Developing Mind in a Digital Age: A Global Policy Imperative」, Tara C. Thiagarajan et al., 2025.

두려울 정도다. 나는 아이들에게 있어 조기 스마트폰 사용이 술·담배만큼 해롭다고 생각한다.

놀랍게도 여러 전문 기관 또한 이와 비슷한 입장을 내놓고 있다. 일례로 세계보건기구(WHO)와 미국 소아과 학회, 유럽 소아정신건강 학회 등은 만 2세 미만 아동에게 디지털 기기 완전 금지를 권장한다. 이들은 특히 2~6세 아동의 경우 하루 1시간 이상 영상 시청을 피할 것, 스마트폰 도입의 경우 최소 만 14세 이후로 미룰 것 등을 강력히 권고하고 있다.[11]

아이의 '뇌'와 '마음'을 병들게 하는 스마트폰의 유혹

여기서 잠깐, 뇌에 대해 짚고 넘어갈 필요가 있다. 사실 우리 인간은 예측 가능한 보상보다, 예측할 수 없는 보상을 뒤질 때 더 큰 쾌감을 느끼도록 진화해왔다. 이 충동은 유전자에 깊이 각인된 본능이기 때문에 의지만으로는 참아내기 어렵다. 실제로 우리

---

11 「Guidelines on physical activity, sedentary behaviour and sleep for children under 5 years of age」, WHO, 2019.

의 뇌는 결과가 불확실한 자극을 탐색할 때 훨씬 많은 도파민을 분비한다. 그리고 인간의 이런 취약점을 치밀하게 파고든 기계가 바로, 카지노의 슬롯머신이다. 랜덤 보상의 쾌감을 크게 맛본 도파민 체계는 고장 나기 이전의 상태로 되돌리기 어렵다. 슬롯머신에 중독된 사람들의 삶을 한번 검색해 보라. 예전 뇌로는 되돌리기 어렵다는 것을 당신도 바로 느끼게 될 것이다. 여기서 놀라운 건 최근 들어 스마트폰의 작동 방식이 슬롯머신과 같은 불확실성 전략을 귀신같이 이용하고 있다는 점이다.

나는 그중에서도 스마트폰 게임에서 느껴지는 우려를 지울 수가 없다. 요즘 유행하는 스마트폰 게임들은 대부분 온라인 게임이다. 그리고 약속이나 한 듯 이 도박 시스템을 넣어 아이들에게 예측 불허의 자극을 준다. 대표적인 예가 바로 아이템 상자를 열었을 때 어떤 보상이 나올지 모르게 만드는 시스템이다. (아들이 게임에 깊게 빠져 있다면 시스템을 확인해 보라. 내 말이 맞을 것이다.) 과거 일부 온라인 게임에서나 유행하며 문제를 일으켰던 방식이 이제는 아동 스마트폰 게임으로 완전히 넘어온 것이다. 내 아들이 친구와 똑같은 액수의 '현질'[12]을 해서 아이템 상자를 사도, 원하는 아이템이 나온다는 보장이 없다. 이 불확실성의 쾌감이 아들을 더 게임에 빠지게 만든다. 이런 구조는 도파민 체계를 빠르게 망가뜨리고 결국 아이 뇌에 치명적 중독성을 불러온다.

내가 하루라도 스마트폰을 늦게 쥐여줄 것을 강조하는 이유가 여기에 있다. 중독이란 그런 것이다. 특히 게임의 경우 한 번 중독되고 나면 '적당함'을 유지하기 힘들다. 다 큰 성인도 참기가 어려운데, 아이들이 과연 참을 수 있을까? 이런데도 '일단 쥐여주고' 시간을 조절해 보겠다고? 이는 부모가 게임사의 치밀한 전략을 잘 몰라야만 할 수 있는 생각이다.

다음으로 스마트폰 조기 도입이 아이들에게 끼치는 주요 악영향을 몇 가지 더 알아보자.

첫째, 집중력 저하

뻔한 이야기란 걸 안다. 하지만 하고 넘어가야겠다. 스마트폰은 확실히 집중력을 떨어뜨린다. 미국 국립보건원(NIH)의 ABCD 연구에 따르면, 하루 2시

---

12 돈을 지불하고 게임 내 아이템을 사는 행위.

영아기 : 0~3세

간 이상 화면을 본 9~10세 아동은 기억력, 언어 능력, 집중력 저하를 보였다. 특히 7시간 이상 시청 시 뇌 피질 두께가 더 빨리 얇아지는 현상(뇌 노화 가속)이 나타났다.

사실 내가 여기서 주목했던 부분은 따로 있다. 스마트폰을 사용할 때는 물론, 화면이 꺼진 채로 단순히 책상 위에 폰이 올려져 있기만 해도 아이들의 집중력이 현저히 떨어진다는 사실이다.

공부할 때 스마트폰이 아이 근처에 있는 것만으로도 뇌는 애써 스마트폰을 무시하기 위해 엄청난 에너지를 써야 하기 때문이다. 단순히 참는 것에도 에너지가 들어간다! 아이가 공부나 놀이에 집중해야 할 때, 뇌는 이미 스마트폰을 무시하느라 지쳐 있는 셈이다. 다시 묻고 싶다. 이런데도 '일단 쥐여주고' 시간을 조절해 보겠다고?

둘째, 수면 악영향

수면은 뇌의 노폐물을 청소하고 삶의 여러 부분에 긍정적인 영향을 미치는 가장 중요한 기능을 수행한다. 하지만 스마트폰에 많은 시간을 할애할수록 수면의 질이 나빠진다. 노르웨이 공중보건연구소(NIPH) 연구진은, 취침 전 스마트폰 1시간 사용 시

수면 시간이 평균 24분 감소하고, 불면증 위험 또한 59%가 증가한다는 연구 결과를 발표했다.[13] 이 연구는 18~29세 대학생 대상 연구다. 그보다 어린 초등학생에겐 얼마나 큰 영향을 미칠까? 최근까지도 침실에 스마트폰을 둔 아이들은 그렇지 않은 아이들보다 평균 20~60분을 덜 잔다는 데이터가 계속해서 쏟아져 나오고 있다. 당신이 또래보다 3년 일찍 자식에게 스마트폰을 쥐여준다면, 심할 경우 대략 1000시간을 덜 재우는 셈이다. 1000시간! 소중한 시기 잠을 푹 재우고 싶다면, 아예 스마트폰을 주지 않는 것이 낫다.

셋째, 정서 건강과 사회성 발달 저하

4~6세 아동은 스마트폰의 동영상이나 게임 같은 디지털 미디어에 주로 노출된다. 이 시기 과도한 화면 시간은 아이의 정서적 불안, 주의력 부족, 사회성 발달 지연, 행동 문제와 직접 연결된다. 일부 선진국 소아과학회에서는 이미 조기 스마트폰 도입 금지를 강력하게 권고하고 있다. 실제로 이 시기 스

---

[13] 「Comparing different screen activities and sleep in full-time students in bed after lights out: The Students' Health and Wellbeing Survey, Norway」, G. J. Hjetland et al., 2025.

마트폰 사용이 많을수록 시간이 지나면서 불안이나 우울, 충동성이 커지는 경향을 보이기 때문이다. 이는 친구와의 놀이 시간이나 직접적인 상호 작용에까지 악영향을 끼친다. 이 시기에는 부모와의 대화, 활발한 신체 활동, 직접적인 놀이 경험이 아이의 정서 건강과 두뇌 발달에 훨씬 더 중요하다. 스마트폰 대신 함께 놀아주고, 대화하며, 다양한 경험을 쌓게 해주는 것이 아이의 마음을 건강하게 키우는 핵심이다.

안 하는 아이는 무엇이 다른가?

최근 3년간 지도한 아이들 중, 높은 자기조절력과 깊은 집중력을 '동시에 갖춘' 아이를 생각해 보니 3명 정도가 떠올랐다. 후에 살펴보니 모두 스마트폰과 일정한 연관이 있었다.

① 4학년 여자아이
처음부터 범상치 않은 집중력을 보여줬다. 또래에 비해 산만함이 없다시피 하고 그만큼 이해와 흡수가 빨랐다. 힘이 부족한 체형이었지만 시간 대비 흡수량에서 차이를 보이며 눈에 띄게 앞서 나가기 시작했다. 6학년이 된 지금, 학년이 찼음에도 어지간한 또래 남자아이들이 이겨낼 수 없는 기술적 수준에 도달해 있다. 성별과 나이를(고학년) 고려하면 평범하다고 볼 수 없다.

이 아이의 또 다른 특징은 뛰어난 자기조절력이다. 적어도 운동장에서만큼은 감정 기복이 없다시피 한데, 특히 시합에 졌을 때 크게 좌절하거나 흥분하는 모습을 본 적이 없다. 최근 승하차를 하며 특이한 점을 발견했는데 이 아이만 유일하게 차에서 스마트폰 게임을 하지 않았다. 차에서는 보통 창밖을 보며 조용히 앉아 있었다. 스마트폰을 안 하는 이유를 물어보니 "별로 재미가 없다"는 무심한 답이 돌아왔다.

② 1학년 남자아이

1학년 때부터 순수한 집중력이 또래 대비 월등했다. 친구들과 장난을 치다가도 수업에 들어가면 재빨리 몰입하는 전환 능력이 특히 인상적이었다. (학년을 고려하면 더더욱 특이한 사례다.) 3학년이 된 지금, 볼 감각 및 기술, 상황 판단 등 종합적 부분에서 또래 친구들과 큰 격차가 있다.

이 아이 또한 자기조절력이 뛰어나다. 경기 중 지고 있을 때 이 악물고 더 집중하여 이기고자 하는 모습은 분명 있다. 다만 시합이 안 풀린다고 해서 친구들에게 크게 화를 내거나, 욕설을 하는 식으로 감정을 표현한 적은 없다.

　놀랍게도 최근 또래 친구들 사이에서 유일하게 이 아이만 스마트폰이 없다는 사실을 알게 되었다. 깜짝 놀라 조심스레 물어보니 이런 답이 왔다. "엄마가 중학교 들어가면 사준대요."

③ 1학년 남자아이

②번 아이와 마찬가지로 첫 수업부터 괴물 같은 집중력으로 나를 놀라게 만든 아이다. 얼마나 특별하게 느꼈는지 첫 수업 직후 바로 어머님께 전화하여 칭찬을 늘어놨던 기억이 난다. 어린 나이임에도 지시하는 양을 100% 성실히 이행하고 스스로 개수를 올려서 연습하는 등, 같은 나이 아이들의 행동 패턴을 초월한 모습을 보여주었다. 어느 날 아이에게 내가 차에서 이런 질문을 한 적이 있다. "○○이는 게임 뭐 해?" 아이는 조용히 나를 쳐다보더니 이렇게 답했다. "코치님, 전 핸드폰이 없어요." 이상하리만치 높은 집중력이 이해가 되는 순간이었다.

불과 몇 달 후, 아이의 집중력이 거짓말처럼 급격하게 나빠지기 시작했다. 아이에게 크리스마스 선물로 스마트폰이 생기고 난 뒤부터였다. 안타깝게도 현재까지 1학년 때의 그 집중력을 회복하지 못하고 있다.

늦출수록 빛나는 아이의 미래

스마트폰 중독은 초등학교에서 중고생 시기에 급증하며, 조기에 노출된 아이일수록 중독 위험이 더 빠르게 증가한다는 최신 연구들이 있다.[14] 이는 우리에게 명확한 메시지를 준다. 아들을 위한 스마트폰 설계는 명확하다. 당신의 작은 결심이 아이의 압도적 미래를 만든다.

---

14 「청소년의 스마트폰 중독과 이용 실태 연구」, 김기태, 2017.
「2024년 청소년 미디어 이용습관 진단조사」, 여성가족부, 2024.
「스마트폰 중독과 정신 건강」, 한국정보화진흥원, 2024.

실천 체크 리스트 : 스마트폰 사용 시기 조절

① 도입 시기를 최대한 늦춰라

전문가들은 스마트폰 도입을 최소 만 14세, 즉 중학교 입학 이후로 강력히 권고한다. 다른 조언은 다 곁가지다. 늦게 주면 시대에 뒤처진다는 둥 걱정하는 전문가들도 있다. 총체적 득실을 따져야 한다. 물론 줘서 얻는 득도 있겠지만 실이 훨씬 크다고 생각한다. 아직 주지 않았다면 더 늦춰라. 가능하다면 이 기준을 지켜 아이의 뇌 발달 골든타임을 지켜주어라.

② 필요시 대체 기기를 활용하라

당연히 아이에게 연락 수단은 있어야 한다. 소통 수단이 필요하다면 통화와 문자만 가능한 기본 휴대폰이나 스마트워치 등 제한적인 기능의 대체 기기를 도입하면 된다. 유행에 휩쓸리지 마라. 맹목적인 다수의 선택 사이에서 눈치 보지 말고 아들을 빼내라. 당신의 아들만은 다른 길을 걷게 하라. 이것이 현명한 해답이다.

③ 부모의 사용 습관을 점검하라

아이들은 부모의 행동을 그대로 모방한다. 당신의 스마트폰 사용 습관과 집 안의 미디어 환경이 아이의 중독과 직접 연결된다는 연구 결과에 주목하라.[15] 당신부터 모범을 보여야 한다. 적어도 눈에 보이는 곳, 집에서 만큼은 사용을 줄이는 현명함을 보여라. 애들 보는 데서 담배 안 피우는 것과 마찬가지 이유다. 이는 뒤에 나오는 권위 있는 양육 방식 챕터의 마지막 조언과 연결된다.

④ 스마트폰 외의 '진짜 즐거움'을 제공하라

아이가 스마트폰에 빠지지 않도록 몸을 움직이는 놀이, 독서, 대면 대화 등 스마트폰이 줄 수 없는 풍부한 경험과 도전 기회를 적극적으로 제공하라. 참고로 앞선 예시의 여자아이는, 주말이면 가족들과 나가 산을 뛰어다니고 물고기를 잡는 등 야외 활동을 많이 한다는 특징이 있었다. 난 부모님이 자식을 위한 최고의 양육을 하고 있다고 생각했다.

⑤ 명확한 규칙과 일관성을 지켜라

만약 불가피하게 스마트폰 사용을 허용한다면, 사용 시간과 내용을 명확히 정하고 일관성 있게 지켜야 한다. 정해진 시간, 정해진 장소에서만 사용하도록 가르치는 것이 중요하다. (차선책이지만 안 하는 것보다 낫다.)

---

15 「부모의 스마트폰 의존도와 자녀의 스마트폰 의존도의 전이 관계」, 안선경·정익중·강진아·김소연, 2024.

⑥ 휴대폰 설정을 변경하라

아이가 어리고 폰 사용이 불가피하다면 흑백 모드, 색감 저하 모드 등을 활용하여 화면 구성을 은근히 단조롭게 하라. 실제로 흑백 모드가 재미를 줄여 폰 사용 시간을 줄인다는 연구 결과가 있다.[16] 추후 흑백 모드를 강제할 수 있는 앱이 나온다면 적극 활용하라.

---

16 「Is life brighter when your phone is not? The efficacy of a grayscale intervention」, C.A. Dekker, 2024.

Key Point

스마트폰 도입을 늦추는 것은 그 자체로 아이의 뇌 발달, 집중력, 정서 건강, 사회성, 그리고 평생의 성공 확률을 높인다. 이것이야말로 요즘 시대 가장 강력한 설계다!

PART 2

유아기
: 4~7세

2-1

운동 설계

: 아들 인생 최고의 레버리지 투자, 운동

아이의 인생 설계는 출생 직후부터 본격적으로 시작된다고 이미 여러 번 강조했다. 그렇다면 4세부터 신경 써야 할 부분은 무엇일까? 이 시기는 단순한 성장을 넘어, 아이의 평생 경쟁력을 결정짓는 '운동 설계의 골든타임'이다. 많은 부모가 이 시기의 운동을 그저 놀이나 건강 증진 활동 정도로만 생각하는 경향이 있다. 하지만 아이 인생에서 운동은 그렇게 단순한 부분이 아니다. 이 시기 운동은 아이의 뇌를 재설계하고, 미래의 학습 능력, 집중력, 심지어 감정 조절 능력까지 좌우하는 핵심 요소다. 나는 이 시기에 운동을 시키는 것만으로도 엄청난 격차를 만들어 낼 수 있다고 생각한다. 이번 챕터에서는 왜 4세 시기의 운동이 그토록 중요한지, 그리고 당신이 아들의 잠재력을 폭발시키기 위해 어떤 운동 환경을 설계해야 하는지 냉철하게 분석하고 구체적인 실천 전략을 제시할 것이다.

4세 아이 뇌, 스펀지처럼 흡수하는 '황금기'

4세 시기의 운동이 왜 그토록 중요한가? 답은 아이의 뇌 발달 특성에 있다. 이 시기는 **신경가소성(Neuroplasticity)**이 가장 활발하게 일어나는 때다. 신경가소성이란 뇌가 유연하게 변화하고 새로운 신경망을 형성하는 능력을 말한다. 즉, 당신이 아이에게 어떤 자극을 주느냐에 따라 뇌의 구조와 기능 자체가 달라진다는 의미다. 그리고 그중에서도 신체 활동, 즉 운동은 뇌 신경망을 강화하고 신경세포의 성장과 연결을 촉진하는 가장 강력한 수단 중 하나다. 또한 유아기는 운동으로 인한 신경 발달이 가장 폭발적으로 일어나는 시기다. 균형 감각, 협응력, 민첩성 등 기본적인 운동 능력이 형성될 뿐만 아니라, 뇌와 몸의 유기적인 연결을 통해 집중력, 자기조절력, 감정 조절력, 문제 해결력 같은 전인적 성장의 토대가 만들어진다. 이는 단순히 운동 능력 향상을 넘어, 아이의 학습 능력과 사회성에 지대한 영향을 미친다. 이 시기에 몸을 움직이는 과정에서 뇌는 세상과 상호 작용하는 법을 배우고, 복잡한 정보를 처리하는 능력을 키운다. 정말이지 만능 황금키가 아닐 수 없다.

나는 운동을 빨리 시작시키는 것이 아이 인생에 큰 영향을 미친다는 걸 경험으로 안다. 직접 수업을 하다 보면 5살 때 축구를 시작한 아이들과 1학년 때 축구를 시작한 아이들이 3~4학년이 되는 시기에 그 차이가 두드러진다. 두 반은 분명 같은 학년이지만, 동일한 수업을 도입했을 때 흡수량에서 큰 차이를 보인다. 굳이 수치로 따지자면 감각적으로 흡수하는 양에서 체감상 20% 정도의 차이가 관찰된다. 일찍 시작한 아이들이 20% 정도 더 깊게 흡수한다는 뜻이다. 큰 격차가 벌써 만들어져 있는 것이다. 더 어린 나이에 축구를 시작한 아이들은 공을 다루는 감각뿐 아니라 대체로 공간 이해력, 동료와의 호흡 등에 대한 흡수가 훨씬 빠르다. 특히 운동에 필요한 전반적 감각을 더 부드럽고, 빠르고, 유연하게 익힌다. 새로운 기술을 배울 때도 훨씬 빠르게 흡수하고 응용 능력에서도 앞선다. 결국 도입 시기의 차이가 신경 발달, 운동 감각, 궁극적으로는 자신감과 도전 의식의 격차로 이어진다.

여기서 주목해야 할 부분은 운동을 일찍 시작해서 얻은 우위가 단순히 운동장에서 끝나지 않는다는 것이다. 뇌 발달의 골든타임에 충분한 신체 활동을 경험한 아이들은 학업에서도 월등한 집중력과 문제 해결 능력을 보인다. 몸을 움직이며 경험하는 성공과 실패, 그것을 극복하는 과정은 아이에게 끈기와 회복탄력성을 불어넣는다. 하버드와 프린스턴 대학을 보유한 나라, 공부에 미친 나라 미국이 아이들 운동에 목숨을 거는 이유가 분명 있는 것이다. 결국, 4세 시기의 운동 설계는 단순한 육체 단련을 넘어 아이의 평생 학습 능력과 정신력의 '부스터' 역할을 하는 필살기라고 볼 수 있다.

그렇다면 당신의 아들을 위한 4세 시기 운동 설계, 구체적으로 어떻게 해야 할까? 핵심은 반복, 다양성, 그리고 놀이 중심의 신체 활동이다. 강압적인 훈련이나 지나친 경쟁은 오히려 아이의 흥미를 떨어뜨리고, 운동에 대한 거부감을 불러올 수 있다. 중요한 것은 아이가 운동을 '놀이'처럼 즐기면서 자연스럽게 몸과 뇌를 발달시키는 것이다.

4세, '평생 운동 습관'을 심는 골든타임

기억하라. 4세는 아이의 뇌가 가장 유연하고 새로운 것을 흡수하기 좋은 시기다. 당신의 현명한 운동 설계는 아들에게 평생의 자산이 될 강력한 신체 능력과 정신력을 선물할 것이다. 당신이 지금 심어놓은 운동의 씨앗이 나중에 얼마나 큰 열매를 맺게 될지, 기대해도 좋다.

특히 남자아이에게 유아기 운동은 단순한 신체 활동 그 이상의 의미를 가지므로 반드시 신경 써야 한다. 다음은 당신이 아들의 4세 시기 운동 설계를 위해 반드시 기억해야 할 실천 지침이다.

> **실천 체크 리스트 : 운동 설계 핵심 전략**
>
> ① '자유로운 움직임'이 뇌를 깨운다
> 아이가 마음껏 뛰어놀고, 구르고, 점프할 수 있는 환경을 제공하라. 집 안팎에서 안전하게 몸을 움직일 수 있는 공간을 마련하고, 다양한 놀이 기구(볼, 줄넘기, 미끄럼틀 등)를 활용하여 자연스러운 움직임을 유도하라. 계속 강조하지만 '다양한 자극'이 뇌를 풍요롭게 한다.

유아기: 4~7세

② 한 가지보단 다양한 운동을 경험하게 하라

나는 이 책 후반부에서 '축구'를 강조할 생각이다. 내 경험에 비추어, 4세 시기 축구가 아이 인생에 폭발적인 시너지를 일으킬 수 있는 최고의 도구라고 확신하기 때문이다. 그러나 이 또한 어디까지나 축구의 비중을 높게 가져가 달란 뜻이지, 축구만 시키란 이야기는 아니다. 유아기 또한 두뇌 전반이 폭발적으로 팽창하는 시기이므로 특정 운동 종목에 국한하지 말고 다양한 신체 활동을 경험하는 것이 좋기 때문이다. 달리기, 점프, 던지기, 잡기, 오르기 등 기본적인 동작들을 놀이처럼 반복하며 아이의 전신 협응력과 운동 감각을 균형 있게 발달시켜라.

③ 부모와 함께하는 놀이야말로 최고의 운동 학습법이다

이 시기는 부모가 직접 아이와 함께 몸을 움직이며 놀아주는 것이 가장 효과적이다. 술래잡기, 숨바꼭질, 공놀이 등 아이의 눈높이에 맞춰 놀이에 참여하고 그 과정에서 긍정적인 상호 작용과 감정 교류를 형성하라. 이는 운동 능력뿐만 아니라 정서 발달에도 큰 영향을 미친다. 특히 놀이를 즐길 때마다 얻을 수 있는 작은 '성공 경험'의 축적은 장기적 설계에 있어 중요한 연료다.

④ 아이의 작은 노력에도 '진심'으로 박수 쳐주어라

앞선 체크 리스트와 연결된다. 아이가 작은 성공이라도 경험할 수 있도록 긍정적인 피드백을 제공하라. 완벽한 자세나 기술보다는 시도 자체와 노력에 초점을 맞춰 칭찬하고 격려하라. 이는 아이가 운동에 대한 흥미와 자신감을 지속적으로 유지하게 만드는 중요한 요소다.

Key Point

4세 시기의 운동 설계는 단순히 몸을 튼튼하게 하는 것을 넘어, 아이의 뇌 발달을 촉진하고 평생 학습 능력과 문제 해결 능력의 기반을 다지는 핵심 전략이다.

2-2

식습관 설계

: 먹던 습관, 평생을 따라붙는다

안타까운 이야기를 하나 해야겠다. 6세 전후 시기 비만인 아이는, 성인이 되어서도 비만일 확률이 높다. 2016년에 발표된 대규모 메타분석[1] 연구를 보자. 영국 요크 대학교의 심몬즈(M. Simmonds)와 르웰린(A. Llewellyn) 등이 진행한 연구에 따르면, 어린 시절 비만이었던 아이는 성인이 되었을 때 비만이 될 위험이 그렇지 않았던 아이보다 약 5배 높았다고 한다.[2] 이쯤이면 내가 왜 굳이 이 내용을 유아기에 넣었는지 설명이 됐을 것이다.

---

1 복수의 연구 결과를 합쳐서, 더 신뢰도 높은 결론을 뽑아내는 방법.
2 「Predicting adult obesity from childhood obesity: a systematic review and meta-analysis」, M. Simmonds, A. Llewellyn, C. G. Owen, N. Woolacott, 2016.

많은 부모가 그저 '잘 먹으면 최고'라는 생각에 아이가 원하는 대로 음식을 주는 경우가 많다. 또 그게 아니더라도 불완전한 지식을 가지고 이 시기를 지나는 경우가 많다.

부모가 식습관에 대해 명확한 지식을 가지는 것만으로도 아이에게 경쟁력을 만들어 줄 수 있다. 유아기야말로 **식습관의 평생 건강 격차를 만드는 가장 중요한 골든타임이기 때문이다.** 실제로 글로벌 보건기구, 각국 소아과 학회, 한국 보건복지부 및 해외 가이드라인(뉴질랜드, 싱가포르 등)들도 모두 "유아기 식습관 형성이 평생 건강 불평등을 줄이거나 심화시키는 핵심적 기회"임을 강조한다. 나의 확신은 여기서 온 것이다. 쉽게 말해, 유아기 식습관이 평생 간다.

이 챕터에서 내가 다룰 내용은 간단하다. 당신 아들의 미래를 위해 **지금 당장 피해야 할 음식 세 가지와 적극적으로 먹여야 할 음식 다섯 가지**를 살펴볼 것이다. 이를 통해 궁극적으로는 당신이 실생활에서 현명하게 적용할 수 있는 전략을 제시할 것이다.

식습관이 왜 중요한가?

이 시기 식습관이 왜 그토록 중요한가? 이 때 식습관이 평생 가는 것도 중요한 이유지만, 또 한편으론 식습관이 뇌와 신체 발달 특성에도 영향을 끼치기 때문이다. 이 시기는 뇌가 폭발적으로 성장하고 신경망을 강화하는 매우 중요한 시기다. 아이의 몸에 들어가는 모든 영양소는 뇌 발달에 직접적인 영향을 미치며, 특히 특정 성분들은 뇌 기능 저하와 직결된다.

실제로 미국 질병통제예방센터(CDC)나 영국 국민보건서비스(NHS) 등 해외 유수의 소아 영양 가이드라인은 유아기부터 특정 식품 섭취를 줄일 것을 강력히 권고한다. 이는 단순히 비만을 예방하는 것을 넘어 아이의 전반적인 성장과 인지 발달에 미치는 장기적인 영향을 고려한 것이다. 의사이자 보건학 박사인 쓰가와 유스케(津川 友介)는 최신 연구들을 바탕으로 어릴 때 식습관이 평생의 삶을 좌우하는 습관으로 굳어진다는 점을 명확히 보여준다.[3] 식습관에 대한 무지가 아이 인생의 많은 부분을 변화시킬 수도 있다는 점을 명심해야 한다.

---

3 『과학으로 증명한 최고의 식사』, 송수영 옮김, 이아소, 2020.

냉정한 데이터

소아 영양 및 발달 연구는 식습관이 아이의 신체 건강뿐 아니라 뇌 기능, 학습 능력, 정서 발달에까지 지대한 영향을 미친다는 사실을 지속적으로 밝히고 있다. 특정 영양소의 결핍이나 유해 물질의 과도한 섭취는 아이의 인지 발달을 저해하고, 집중력 부족, 과잉 행동, 정서적 불안정으로 이어질 수 있음이 여러 연구를 통해 입증되었다. 자, 이제 본격적으로 음식에 대한 이야기를 해보자.

아래 소개할 식품들의 정보는, 공중보건학의 세계적 권위자인 하버드 대학 쓰가와 유스케 교수의 메타분석 연구를 바탕으로 정리했다. 참고로 메타분석은 수십 편의 논문을 종합해 결론을 도출하는 분석법으로, 의학 연구에서 가장 높은 신뢰도를 인정받는 방식임을 밝혀둔다.

조절하면 좋은 음식 3가지

① 가공육 및 붉은 고기 (햄, 소시지, 베이컨, 소고기, 돼지고기 등)
이 음식들은 발암성 물질을 포함하거나 심혈관 질

환 위험을 높이고, 건강을 해칠 가능성이 큰 음식들이다. 특해 햄, 소시지 등 가공육은 1급 발암 물질이므로 가급적 섭취를 줄이는 것이 바람직하다. 한편 소고기와 돼지고기를 두고서는 현재까지 다양한 갑론을박이 펼쳐지고 있다. 그러나 두 고기 모두 이미 WHO가 인정한 공식 2급 발암 의심 물질이다. 특히 대장암 발병과는 상관관계가 뚜렷하다. 소고기 및 돼지고기를 많이 먹을수록 대장암 발병 확률이 급격히 올라가는 것은 분명해 보인다. 다만 이는 축산업 전반에 파급력이 큰 사안이라, 사회적으로는 조용히 다뤄지고 있는 듯하다.

따라서 소고기 및 돼지고기의 경우 어릴 때일수록 섭취량을 적절히 조절해 주는 것이 좋다. 그렇다고 완전히 끊는 것은 그것대로 바람직하지 않다. 성장기 영양소를 공급하는 주요 식품 또한 붉은 고기이기 때문이다. 중요한 것은 '금지'가 아니라 '조절'이다. 어릴 때 과도한 섭취를 줄여두는 것이 아이의 건강을 지키는 데 훨씬 효과적이다. 아이 스스로는 이러한 조절이 어려우므로 부모의 관리가 필요하다.

추가로 소고기 및 돼지고기의 실질적 대체재로는 닭고기가 있다. 그러니 때때로 붉은 고기 대신 닭고기를 먹이는 것도 현명한 방법이다. 닭고기에 부족한 철분, 비타민, 아연 등은 계란, 생선, 콩, 시금치 등으로 보충할 수 있다. 닭고기와 암 발병률 사이에는 상관관계가 나타나지 않았다.

② 흰 탄수화물(흰 쌀밥, 흰 빵, 밀가루, 설탕 등)

이 이야기는 많이 들어봤을 것이다. 흰 탄수화물은 혈당을 급격히 올리고 당뇨병과 비만의 주범이 된다. 어릴 때부터 단맛에 길들여지면 평생 단맛을 찾아 헤매게 될 가능성이 높고, 이는 장기적인 건강에 돌이킬 수 없는 부정적인 영향을 미친다. 특히 흰 쌀에 경계심이 없는 부모들이 많은데 잘못된 생각이다. 밥 정도만 현미나 잡곡밥으로 바꿔도 효과가 클 것이다.

③ 포화지방이 많은 유제품과 첨가당, 고염 식품

(버터, 치즈, 아이스크림, 가공 음료, 과자, 짠 스낵, 인스턴트 등)

이 부분 역시 흔한 정보지만 강조를 위해 적어둔다. 이 식품들은 소아 비만, 심혈관 질환, 대사 질환의 위험을 크게 높인다. 또한 아이의 미각을 자극해 건강한 음식 섭취를 방해하고, 잘못된 식습관을 고착화시킨다. 외워두고 조절하는 것이 좋다.

적극적으로 먹여야 할 음식 5가지

이 챕터에서는 이 부분이 백미다. 외워두고 자주 먹이도록 하자.

① 생선(특히 등 푸른 생선)

오메가3 지방산이 풍부하여 뇌 발달과 시력 개선에 탁월하다. 아이의 두뇌를 스마트하게 성장시키는 데 필수적인 영양소다. 주 2~3회 이상 먹이는 것을 권장한다.

② 채소와 과일(정제하지 않은 것)

비타민, 미네랄, 섬유질이 풍부하여 면역력 강화와 장 건강에 기여한다. 다양한 색깔의 채소와 과일을 골고루 섭취하게 하여 다채로운 영양소를 공급하는 것이 중요하다. 주스보다는 통째로 먹이는 것이 훨씬 좋다는 연구 결과가 많다.

③ 갈색 탄수화물(현미, 통밀, 잡곡 등)

앞서 말했던 흰 쌀(흰 탄수화물)의 훌륭한 대체재다! 이들은 혈당을 천천히 올려 안정적인 에너지를 공급하고, 장 건강에도 이롭다. 백미 대신 현미나 잡곡밥을, 흰 빵 대신 통밀 빵을 선택하여 꾸준히 섭취하게 하라. 이들은 비만 관리에도 도움이 된다.

④ 올리브유

어렵지 않게 바꿀 수 있는 식습관 중 하나다. 식용유 대신 올리브유를 쓰면 끝이다. 올리브유는 아이의 신경계, 시력 발달에 기여하고 인지 능력, 기억력 등 전반적 두뇌 발달에 효과가 있는 것으로 알려졌다. 특히 변비를 겪는 유아 및 저학년들에겐 올리브유가 장 운동 보조와 배변 개선에도 도움이 될 수 있다. 아이 요리엔 버터나 일반 식용유 대신 올리브유를 첨가하여 건강한 지방 섭취를 유도하라.

⑤ 견과류(아몬드, 호두 등)

불포화지방산, 단백질, 비타민, 미네랄이 풍부하여 뇌 기능 향상과 성장에 도움을 준다. 다만 알레르기 반응에 주의하고, 어린 나이라면 아이 목에 걸리지 않도록 잘게 다져서 주거나 적절한 형태로 주는 게 좋을 것이다. 개인적으로 아침에 간단히 먹는 습관을 들이는 것을 권장한다.

'현명한 선택', 아이의 건강을 지키는 방패

기억하라. 당신이 고른 음식 하나하나가 아이의 미래를 실시간으로 바꾼다. 한 살이라도 어릴 때 설계해 둔 건강한 식습관이야말로, 당신이 아들에게 줄 수 있는 가장 비싼 유산이라는 사실을 명심하라.

다음은 권장할 만한 식습관 행동 양식이다. 일상에서 적용 가능한 부분이 있다면 적극적으로 적용하기를 바란다.

 실천 체크 리스트 : 식습관은 평생 간다

① '가공된 유혹'에서 벗어나라
집 안에 가공육, 흰 탄수화물 위주의 간식, 첨가당과 소금이 많은 가공식품을 최소화하라. 아이가 볼 수 있는 곳에 건강한 과일, 채소, 통곡물 간식을 두어 자연스럽게 선택하도록 유도하라.

② '자연의 맛'을 일찍 알려줘라
되도록 직접 요리한 신선한 음식을 제공하라. 다양한 채소, 통곡물, 살코기 위주의 식단을 구성하여 아이가 여러 가지 맛과 식감을 경험하게 하라. 설탕이나 소금

대신 자연의 맛을 느낄 수 있도록 조리하는 습관을 들이는 것이 좋다.

③ 'NO'를 단호하게 외쳐라

아이의 떼쓰기에 무릎 꿇지 마라. 아이가 유해한 음식을 요구할 때 단호하게 거절하라. 아이의 건강을 위한 부모의 결정임을 명확히 전달하고, 건강한 대안을 제시하여 선택의 폭을 넓혀줘라. 일관성 있는 태도는 아이의 식습관을 형성하는 데 매우 중요하다.

④ '설탕' 대신 '즐거움'을 주어라

아이가 슬프거나 짜증 낼 때 음식으로 보상하지 마라. 대신 놀이, 대화, 스킨십 등 다른 방법으로 아이의 감정을 조절하도록 도와라. 음식과 감정을 연결 짓는 습관은 장기적으로 폭식이나 정서적 식습관으로 이어질 수 있다.

Key Point

유아기 식습관 설계는 아이의 평생 건강과 뇌 발달에 결정적인 영향을 미친다. 당신의 현명한 선택과 꾸준한 노력이 아들의 미래 경쟁력을 좌우한다.

2-3 칭찬 설계

: '이런' 칭찬을 받은 아들이 성공한다

당신 아들의 인생을 완전히 뒤바꿀 수 있는 마법과도 같은 교육 기술이 있다면 믿겠는가? 있다. 바로 칭찬이다. 대부분의 부모가 막연히 칭찬이 좋다는 건 알지만, 이것이 양날의 검이 될 수도 있다는 사실까지는 잘 모른다. 설계 없이 던진 칭찬이 오히려 아이의 능력 발달을 방해할 수도 있다는 이야기다. 칭찬은 사실 복잡하고 섬세한 기술이다. 이번 챕터에서 나는 당신의 아들에게 도전 정신과 성장 마인드셋, 그리고 실패를 딛고 일어서는 힘을 키워주는 칭찬 설계의 비밀을 냉철하게 파헤치려 한다. 또 더 나아가 당신이 실생활에서 바로 적용할 수 있는 구체적인 전략까지 제시할 것이다.

아이의 미래를 바꾸는 치트키

왜 칭찬 설계가 그토록 중요한가? 답은 아이의 심리와 뇌 발달에 있다. 당신이 아이에게 건네는 칭찬의 방식은 아이가 자신을 어떻게 인식하고 세상을 어떤 태도로 대할지 결정하는 강력한 요소가 된다. 이는 단순히 아이의 기분을 좋게 하는 것을 넘어 아이의 학습 습관, 문제 해결 능력, 궁극적으로 인생 전반에 지대한 영향을 미친다. 이 주장의 가장 강력한 근거는 스탠퍼드 대학 심리학과 캐럴 드웩(Carol S. Dweck) 교수의 충격적 실험 결과다. 그가 했던 실험을 간단히 살펴보자.

드웩은 초등학교 5학년 아이들을 두 그룹으로 나누어 IQ 테스트를 진행했다. 그러고는 테스트를 마치고 나오는 아이들에게 각기 다른 칭찬을 건넸다. 한 그룹에게는 "너 정말 똑똑하구나"라고 말하며 타고난 재능을 칭찬했다. 또 다른 그룹에게는 "너 정말 열심히 노력했구나"라고 말하며 노력을 칭찬했다.

이후 드웩은 두 그룹을 다시 불렀다. 그러곤 어려운 문제와 쉬운 문제 두 가지를 동시에 보여주며 물었다. "어떤 문제에 도전하고 싶니?" 각 그룹은 어떻게 반응했을까? 그 결과가 놀라웠다. 재능 칭찬을 들었던 그룹 중 66%는 쉬운 문제를 선택했다. 반면 노력 칭찬을 들었던 그룹의 90%가 놀랍게도 어려운 문제에 기꺼이 도전했다!

재능을 칭찬받았던 아이들은, 어려운 문제에 함부로 도전했다가 자신이 '똑똑하다'는 칭찬 평가를 잃을지도 모른다는 생각에 도전을 두려워했다. 반면 노력을 칭찬받은 아이들은 실패하더라도 노력 자체는 인정받는다는 것을 알고 있었기에 기꺼이 어려운 문제에 도전했다.

여기서 더욱 충격적인 것은 학업 성적 변화였다. 시간이 지난 후 두 그룹에게 비슷한 수준의 시험을 다시 보게 했다. 결과는 어땠을까? 재능을 칭찬받았던 그룹의 성적은 평균 약 20퍼센트 떨어졌다. 반면 노력을 칭찬받았던 그룹의 성적은 평균 30퍼센트가 올랐다. 칭찬의 종류가 아이들의 학업 성적에까지 영향을 미친 것이다. 이 실험은 이후 다른 지역에서도 반복되었으나 결과는 크게 다르지 않았다. 이로써 칭찬의 종류가 아이의 성향뿐 아니라 성적, 더 나아가 미래까지 바꿀 수 있다는 것이 입증되었다. 이렇게까지 극단적 차이가 발생한 이유는 무엇인가?

칭찬의 함정

재능 칭찬의 가장 큰 문제는 무엇인가? 아이가 살면서 무수히 겪어야 할 실패를 나쁘게만 인식하게 만든다는 부분이다. 앞서 봤듯이 재능 칭찬에 익숙해진 아이는 어려운 문제에 도전하기를 꺼린다. 어려운 문제에 도전했다가 실패하면 '나는 똑똑하지 않나 봐', '타고난 재능이 없나 봐'라고 생각하게 되기 쉽다. 실패를 두고 '자신이 받아야 할 칭찬을 가로막는 장애물'로 여기게 되는 것이다. 이 생각은 아이의 도전 의식을 막아버리는 해로운 결과를 가져온다. 사실 아이 성장에 있어 가장 중요한 밑거름이 다름 아닌 실패라는 점을 고려하면, 끔찍한 결과가 아닐 수 없다.

반면 노력 칭찬을 받은 아이들에게 도전과 실패는 즐거운 일이다. 어려운 과제에 도전하는 것은 곧 더 많은 노력을 한다는 의미이고, 더 많은 노력은 더 많은 칭찬을 받을 기회로 이어지기 때문이다. 노력 칭찬을 받은 아이는 결과와 상관없이 노력하는 것만으로도 칭찬받을 수 있다는 것을 알기에 도전에 대한 부담이 적다. 그리고 이는 아이에게 장기적으로 '도전-실패-성장-도전'으로 이어지는 선순환

구조를 만들어 낸다. 칭찬 종류에 따른 아이 심리 변화에 장기적 격차가 생기는 것이다.

그러나 놀랍게도 현장에서는 이 연구 결과와 반대로 칭찬하는 모습이 자주 목격된다. 일부 부모들은 아이가 듣고 있는데도 아무렇지 않게 재능을 칭찬한다. 나 또한 아이들에게 이렇게 말하는 부모님들을 수없이 봐왔다.

"얘가 아빠 닮아서 머리는 좋은데 게을러서 그래요."

"얘가 운동 신경은 타고났어요. 근데 지금은 살이 많이 쪄서…."

진실을 알게 된 지금, 당신이 보기에 이런 칭찬은 어떠한가? 불편하게 느껴진다면 당신은 이미 변한 것이다. 이런 (타고났다는) 재능 칭찬은 오히려 아이 잠재력에 손해를 끼칠 수 있으므로 하지 않는 것이 좋다.

다음은 내가 운동장에서 실제로 쓰는 칭찬 기법의 예시를 담았다. 참고하기 바란다.

나쁜 칭찬 vs. 좋은 칭찬

안 좋은 칭찬 예시

"너 드리블은 진짜 타고났구나!" (X)
"와, 벌써 3골이나 넣었어? ○○이는 진짜 천재야!" (X)
"벌써 잘하네! 확실히 우리 ○○이가 머리가 있어!" (X)

좋은 칭찬 예시

"드리블이 더 빨라졌네. 지난번 콘 드리블 훈련이 도움이 됐구나!" (O)
"지난번보다 패스가 더 정확해졌네. 논스톱 패스를 연습한 게 도움이 됐어!" (O)
"이건 어려운 기술인데도 네가 계속 도전하는 게 대단하다. 실수해도 계속 노력하는 모습이 정말 멋져!" (O)

칭찬 하나로, 아이의 '인생'을 다시 써라!

결론적으로, 당신의 칭찬 방식은 아이의 미래를 설

계하는 가장 강력한 도구다. 재능이 아닌 **노력, 과정, 구체적인 행동을** 연결한 칭찬이 아이의 성장형 마인드셋을 키우고, 실패를 두려워하지 않는 도전 정신을 심어준다. 나는 7세까지 어떤 칭찬을 받고 학교에 입학했느냐에 따라 아이의 마인드셋이 크게 달라진다고 생각한다. 학교에서 맞닥뜨릴 수많은 도전과 실패 앞에서, 노력 칭찬에 익숙한 아이와 재능 칭찬에 익숙한 아이 사이에는 이미 큰 격차가 존재하는 것이다. 나는 이 칭찬 설계가 아이 인생 전반을 가를 정도의 격차라 확신한다.

기억하라. 당신의 준비된 칭찬 한마디가 아이의 인생을 가를 수 있다. 작은 칭찬 하나부터 세심하게 신경 써준다면, 당신의 아이가 좀 더 좋은 인생, 멋진 인생을 살 확률 또한 더 높아질 것이다. 이 소중한 지식을 통해 당신의 아들이 실패를 두려워하지 않고 끊임없이 성장하는 진정한 인재로 자라날 수 있도록 이끌어라.

실천 체크 리스트 : '칭찬'은 이렇게

① 재능이 아닌 '노력'에 초점을 맞춰라

아이의 결과물보다는 그 과정에서 기울인 노력, 즉 '얼마나 연습했는지', '얼마나 집중했는지' 등을 구체적으로 칭찬하라.

② '과정'과 '행동'을 칭찬으로 연결하라

"네가 이렇게 노력했더니 이런 결과가 나왔구나!"처럼 구체적인 행동과 그로 인한 변화를 연결 지어 칭찬하라. 막연한 칭찬은 피하라.

③ 실패를 '성장 기회'로 칭찬하라

아이가 실패했을 때 "괜찮아. 다음엔 잘할 수 있어" 같은 말 대신, "어려운데도 끝까지 포기하지 않고 노력하는 모습이 멋있다. 이번 경험으로 다음엔 더 잘할 수 있겠지?"처럼 실패 자체를 긍정적인 배움의 과정으로 인식하게 도와라.

④ 때로는 아이의 '도전' 자체를 격려하라

결과가 좋지 않더라도 새로운 것에 도전하는 용기 자체를 칭찬하고 격려하라. 아이가 실패를 두려워하지 않고 끊임없이 시도하도록 이끌어라.

Key Point

칭찬은 아이의 재능이 아닌 노력, 과정, 구체적 행동에 초점을 맞춰야 한다. 질 높은 칭찬은 아이의 성장 마인드셋을 키우고 평생 경쟁력을 좌우하는 최고급 교육 기술이다.

2-4

교육법 설계

: 양육법에는 정답이 있다

이번 챕터에서 다룰 주제는, 당신 아들의 인생을 가장 강력하게 이끌어갈 교육 방식 설계다. 아직도 '어떻게 교육하는 게 정답인가?'라는 물음에 명확한 답을 못 내놓는 부모들이 많다. 엄하게 키워야 할까, 부드럽게 키워야 할까? 이것저것 강제로 시켜야 할까, 자유롭게 놔둬야 할까? 많은 부모들이 아직도 이 문제로 고민한다. 오히려 인터넷이 발달하고 함부로 떠드는 사람들이 많아지면서 본질을 찾기가 더 어려워져 버린 것 같다. 그러나 사실 이 고민에 대한 답은 이미 나와 있다. 이 챕터에서 나는 지난 수십 년간 전문가들의 연구 결과가 한결같이 가리키는 가장 현명하고 실패 확률이 적은 양육 방식을 당신에게 알려줄 것이다. 지금부터 당신 아들만의 특별한 근성을 키워낼 수 있는 교육 전략을 제시하고자 한다.

당신은 어떻게 교육하고 있는가?

세상에는 수많은 양육 방식이 존재하지만, 현대 심리학자들은 이를 크게 네 가지로 분류한다. 아동 발달 심리학에서 가장 널리 쓰이는 표준적인 모델이라 볼 수 있다. 당신은 다음 4가지 유형 중 어떤 방식으로 아이를 양육해 왔는지 한번 되돌아보라.

양육 방식	내용
방임적 (Uninvolved/ Neglectful)	자녀에게 주는 지지도 적고, 요구도 많이 하지 않는 방식(통제 낮음, 애정 낮음)
허용적 (Permissive)	자녀에게 많은 지지를 보내지만 요구하는 건 적은 방식(통제 낮음, 애정 높음)
독재적 (Authoritarian)	자녀에게 주는 지지는 적지만 요구하는 건 많은 방식(통제 높음, 애정 낮음)
권위 있는 (Authoritative)	자녀에게 지지를 많이 해주면서 요구하는 것도 많은 방식(통제 높음, 애정 높음)

이 중 가장 현명한 양육 방식이 무엇이라 생각하는

가. 바로 권위 있는 양육 방식이다! 미래에 더 좋은 훈육법이 등장할 수도 있다. 그러나 현재까지는 가장 성공 확률이 높은 교육법이라 할 수 있다.

40년 연구가 가리킨 '최고의 양육법'

왜 권위 있는 훈육 방식이 최고의 양육법인가? 사실 전문가들의 영역에서는, 지난 40년간 자녀 교육에 관한 수많은 연구가 늘 같은 결론을 가리켰다. 오랜 기간 최고의 결과를 만들어 낸 교육법은 늘 권위 있는 양육 방식이었다. 유명 심리학자 래리 스타인버그(Laurence Steinberg)는 이렇게 말했다. "양육 방식에 관한 연구는 이제 중단해도 된다."

스타인버그 교수가 미국 청소년 1만 명을 대상으로 진행했던 '부모의 행동' 설문 조사에서도 결과는 명확했다.[4] 성별, 민족, 국가, 계층, 심지어 부모의 이혼 여부와 관계없이 자녀를 존중하고 **지지를 많이 해주면서 동시에 많은 요구를 하는 부모를 둔 청소년**

---

4 「Patterns of Competence and Adjustment among Adolescents from Authoritative, Authoritarian, Indulgent, and Neglectful Families」, Laurence Steinberg, 1991.

들이 거의 모든 면에서 우수했다. 이런 부모 아래에서 자란 아이들은 다음과 같은 특징을 보였다.

- 학교 성적 우수: 학습에 대한 긍정적인 태도와 책임감으로 학업 성취도가 높았다.
- 높은 독립성: 스스로 판단하고 결정하는 능력이 뛰어나 독립적인 인재로 성장했다.
- 불안과 우울 증상 감소: 안정적인 정서 기반 위에서 건강한 심리 상태를 유지했다.
- 낮은 탈선 확률: 명확한 규칙과 지지 속에서 바른 가치관을 형성했다.

자식 양육을 두고 이래저래 말들이 많지만, 사실 전문가들 사이에서는 이미 답이 나와 있었던 것이다. 이처럼 과학적으로 증명된 권위 있는 양육 방식은 당신 아들의 인생을 설계하는 데 가장 강력한 지표가 될 것이다.

권위 있는 양육 방식 예시 1: 도전/책임감 강조형

이러한 권위 있는 훈육 방식이 실제 아이의 인생을

어떻게 변화시키는지, 미식축구 역사상 최고의 쿼터백으로 알려진 스티브 영(Steve Young)의 사례를 통해 명확히 알 수 있다.

중학생 야구부 활동을 할 당시 스티브의 기록은 1년간 공식 안타 횟수 0회였다. 어떻게 봐도 재능이라곤 찾아볼 수 없는 3류 선수였다. 급기야 스티브는 아버지를 찾아가 "더 이상 못하겠어요"라고 말하며 울분을 터뜨리게 된다. 하지만 그의 아버지는 아들의 눈을 똑바로 보며 말했다. "그럴 순 없어. 너에겐 분명 능력이 있어. 다시 가서 연습해라." 스티브의 아버지는 말만 늘어놓는 평범한 사람이 아니었다. 그의 아버지는 비가 오나 눈이 오나 아들을 데리고 나가 함께 뒹굴며 연습했다. 고등학교 졸업반이 됐을 때, 스티브의 타율은 무려 3할 8푼 4리를 찍었다.

대학 진학 후 시작한 미식축구에서, 스티브는 다시 한번 만년 후보 선수로서 벤치를 달구게 된다. 기약 없는 벤치 생활에 참다못한 그는 다시 아버지에게 전화를 걸어 미식축구를 포기하겠다고 외쳤다. "코치들은 내 이름도 몰라요. 집에 가고 싶어요." 그의 아버지는 이렇게 응수했다. "그만두고 싶으면 그만둬. 근데 난 너처럼 포기하는 인간이랑은 살 수 없으니까 집으로 오지 마라."

전화를 끊은 그는 결국 다시 이를 악물고 연습을 이어갔다. 이날 이후, 훗날 미국 미식축구 역사상 최고의 쿼터백으로 불리게 된 스티브 영의 전설이 시작됐다.

2025년 현재 유행하는 한국식 양육법에 찌든 시각으로 본다면 스티브의 아버지는 자칫 강압적인 고집불통 부모로 비칠 수도 있겠다. 하지만 정작 아들인 스티브 영은 훗날 그의 아버지를 '엄하기로는 둘째가라면 서러운 분'이라고 묘사하면서도 이 점은 분명히 했다. "아버지는 당신의 필요나 욕심이 중요한 게 아니라고 진즉에 보여주셨어요. 그건 '진심으로 내가 가진 전부를 아들인 너에게 주겠다'라는 자세였어요." 아버지의 엄격함 안에는, 언제나 아들을 향한 진심 어린 사랑과 지지가 함께했던 것이다. 모든 강요는 아버지의 개인적인 욕심이 아닌, 자식을 진심으로 사랑하는 마음에서 시작된 것들이었다. 부모의 욕심에 기인한 통제는 자식이 금방 알아챈다. 하지만 스티브 영의 부모님은 "우리는 네가 성공하는 모습만 보면 된다. 우리보다 네가 우선이다"라는 메시지를 행동으로 보여주었다.

이처럼 권위 있는 훈육 방식은 단지 엄격함을 의

미하지만은 않는다. 사랑으로 아이를 존중하고 따뜻하게 지지하면서도, 동시에 명확한 규칙과 높은 목표를 제시하고, 부모가 솔선수범하여 본보기를 보이는 것이 이 양육법의 핵심이다.

권위 있는 양육 방식 예시 2: 자율성/탐색 강조형

권위 있는 양육 방식의 다른 사례를 살펴보자. 권위 있는 양육 방식이라고 해서 강압적이기만 한 것은 아니다. 부모의 스타일에 따라 다른 스펙트럼을 적용할 수도 있다. 여기 천방지축 조스와 어머니 재키의 이야기를 보면 권위 있는 양육 방식에도 다양한 스펙트럼이 있다는 걸 알게 될 것이다.

재키는 17번째 생일 불과 2주 뒤에 아들 조스를 낳았다. 그는 훗날 인터뷰에서, "내가 무엇을 해야 하는지 사전에 아는 게 별로 없었어요. 그저 아이들이 즐거운 일에 몰두하게 두는 일이 내 책임이라 느꼈어요"라고 회상했다. 조스가 세 살 때 큰 침대에서 자게 해달라고 조른 적이 있었는데, 재키는 거절했다. 그리고 다음 날, 재키는 드라이버를 들고 아기 침대를 분해하고 있는 조스를 발견했다. 보통의 부모였다면 난리가 났을 것이다. 그러나 재키는 아이를 혼내는 대신 함께 바닥에 앉아 그를 도와줬다. 조스는 개구쟁이였다. 중학생 때는 희한한 기계 장치들을 발명했다. 언제는 동생들이 문턱을 넘을 때마다 울리는 경보기를 방문 위에 달아두기도 했다. 재키는 당시를 회상하며 이렇게 말했다. "발명하는 데 다른 부속품이 필요하다고 해서 하루에 네 번이나 부품 가게에 같이 간 적도 있었어요", "집에서 내 별명이 '무질서 대장'인데, 무슨 일을 원하든 어떤 식으로도 허용해 주기 때문이죠".

한 번은 이런 적도 있었다. 재키가 친구와 이야기를 하는 중에도, 어린 아들 조스가 옆에서 계속 쓸데없는 소리를 하며 말을 걸어왔다. 조스는 계속해서 엄마에게 엉뚱한 발명 아이디어(건전지로 거울을 움직이면 이미지가 달라진다는 둥 무한 큐브를 만들겠다는 둥)를 늘어놓았고, 재키는 친구와 대화를 하면서도 조스의 엉뚱한 생각에 귀를 기울였다. 친구가 "다 이해한 거야?"라고 묻자 재키는 "내가 이해했는지는 중요하지 않아. 이야기를 들어주는 게 중요하지"라고 답했다.

언젠가 고등학교에 올라간 조스가 학교 수업을 빠졌다는 전화가 걸려왔다. 한창 공부해야 할 나이에 땡땡이를 쳐버린 것이다. 재키가 집으로 돌아온 조스에게 어디를 갔었는지 묻자 조스는 이렇게 말했다. "비행기 날개로 마찰과 양력 실험을 하게 해줄 교수를 알아보러요." 재키는 당황스러웠지만 이내 생각을 가다듬고, 조스를 바라보며 말했다. "그랬구나. 알았어. 정식으로 학교의 인정을 받고 실험할 수 있는지 알아보자."

이 사고뭉치 녀석의 풀 네임은 제프 베이조스(Jeff Bezos). 2023년 2월 기준 세계 부자 순위 1위이자, 세계 최대 온라인 쇼핑몰 기업 '아마존'의 창업자다. 그의 성공 뒤에는 이처럼 어머니의 현명한 희생이 있었다. 그의 어머니가 베이조스의 '왕성한 빈둥거림'을 막았다면, 지금쯤 세계 역사는 크게 바뀌었을 것이다.

다른 모습 같은 본질

스티브 영의 아버지와 제프 베이조스의 어머니는 겉보기엔 매우 다른 양육 스타일을 가진 것 같다. 스티브 영의 아버지가 아들을 직접적이고 강하게 '밀어붙인' 유형이라면, 재키는 아들의 흥미와 호기심을 '이끌어내고 허용하며' 뒤에서 밀어주는 유형처럼 보인다.

하지만 이 둘은 모두 높은 기대와 명확한 규칙, 따뜻한 지지, 자율성과 책임감의 균형이라는 권위 있는 훈육 방식의 본질을 공유한다. 즉, 부모가 일관된 본보기와 사랑을 바탕으로 아이의 내적 동기와 성장 마인드셋을 촉진한다는 점에서 두 방식은 본질적으로 같다. 스펙트럼에 차이가 있을 뿐이다.

스티브 영의 아버지는 아이에게 높은 요구를 직접적으로 관철시키면서도, 함께 훈련하는 헌신적인 사랑과 지지를 보였다. 그의 엄격함은 아들을 향한 깊은 믿음과 희생에서 비롯된 것이었다.

반면 재키는 아이의 자율성을 최대한 존중하고 지지하면서도, 아이가 자신의 열정을 발견하고 그것을 책임감 있게 추구하도록 지혜롭게 요구했다. 그는 아들의 '빈둥거리는 시간'을 인내하고 지원하며, 학교를 빠졌을 때도 비난 대신 '정식으로 인정받고 실험할 방법'을 찾아주는 방식으로 아이의 열정을 사회적 틀 안에서 실현하도록 이끌었다. 이는 자신의 욕심이 아닌 아이의 성장만을 위하는 마음에서 나온 섬세한 요구였다.

결국 두 부모 모두 아이를 향한 깊은 사랑과 신뢰

를 바탕으로, 아이의 성장을 위한 명확한 기대치와 지혜로운 가이드라인을 제시했다. 강압적인 압박이든, 자율적인 이끌림이든, 중요한 것은 아이의 내적 동기를 키우고 열정을 발휘하게 하는 '사랑과 요구의 균형'이다. 당신의 아들 역시 이러한 균형 속에서 자신만의 길을 찾도록 이끌어 준다면 분명 비범하게 성장할 수 있을 것이다.

교육 방식 설계는 이제 명확해졌다. 권위 있는 훈육 방식은 당신의 아들이 독립적이고, 도전적이며, 건강한 정신력을 가진 비범한 인물로 성장하게 할 것이다. 중요한 것은 이 원칙들을 일관되게 실생활에 적용하는 것이다.

기억하라. 당신의 교육 방식이 아이의 인생을 가른다. **권위 있는 양육**이라는 지혜로운 길을 통해 당신의 아들이 어떤 어려움도 극복하고 자신의 잠재력을 최대한 발휘하는 진정한 인재로 성장할 수 있도록 이끌어라.

실천 체크 리스트 : 권위 있는 육아 설계

① **사랑과 지지를 적극적으로 표현하라**

자칫 진부해 보일 수 있으나 그만큼 중요한 부분이다! 아이의 의견에 귀 기울이고, 감정을 공감하며, 무조건적인 사랑을 표현하라. 아이가 믿고 기댈 수 있는 든든한 버팀목이 되어주어라. 이때 '무조건적인 사랑과 지지'는 아이의 모든 요구를 수용하거나 감싸는 것을 의미하지 않는다. 스티브 영의 사례처럼, 아이의 더 큰 성장을 위해 때로는 단호하게 방향을 제시하는 것 또한 깊은 사랑과 지지의 표현임을 기억하라.

② **명확한 규칙과 책임감을 요구하라**

아이의 연령과 발달 수준에 맞는 명확한 규칙을 세우고, 그에 따른 책임감을 가르쳐라. 규칙을 정할 때는 아이와 함께 논의하여 스스로 납득하게 하는 것이 중요하다.

③ **늘 조금 더 높은 목표를 제시하라**

아이의 잠재력을 믿고, 현재 수준보다 약간 높은 목표를 제시하여 도전 의식을 자극하라. 성공을 위한 구체적인 방법도 함께 고민하고 지원해 주어라.

④ 부모가 먼저 본보기가 되어라

당신이 아들에게 원하는 모습이 있다면, 먼저 그 모습을 보여주어라. 어린 시기 부모의 행동은 아이에게 가장 강력한 교육이다. 꾸준히 노력하고, 실패에도 좌절하지 않는 모습을 보여주는 것이 중요하다.

Key Point

요구와 지지의 균형 속에 명확한 규칙과 높은 목표를 제시하고, 부모가 본보기가 되는 '권위 있는 훈육 방식'은 아이의 전인적 성장을 이끄는 최고의 교육 설계다.

2-5
자기조절력 설계
: 성적과 사회성을 좌우하는 숨겨진 힘

많은 부모들이 매일같이 비슷한 고민을 털어놓는다.

"우리 아이는 왜 이렇게 집중을 못 할까요?"

"왜 해야 할 일을 자꾸 미룰까요?"

"왜 이렇게 화를 못 참고 쉽게 흥분할까요?"

이런 어려움을 겪는 부모들 중, 정작 이 문제의 핵심인 자기조절력(self-regulation)에 대해서 제대로 이해한 부모는 드물다. 일부 부모는 자기조절력을 두고 단지 '말 잘 듣는 성격' 정도로 이해하지만, 이는 그렇게 단순하지 않다. 나는 자기조절력이야말로 아이가 자신의 인생 전반을 슬기롭게 통제하는 핵심 기능이라 생각한다.

아이가 스스로를 지배하는 힘인 **자기조절력**은 감

정, 행동, 충동을 스스로 조절하고 통제하는 능력을 뜻한다. 이는 단순히 타고난 성격의 문제가 아닌 통제력의 영역이다. 그때그때 감정에 따라 행동을 제멋대로 하는 아이는 사실 통제력이 부족한 것이다. 자기조절력은 아이의 학업, 또래 관계, 정서 안정, 건강한 습관 형성, 나아가 범죄율에까지 광범위한 영향을 미친다.

자기조절력은 뇌의 전반적 집행을 관리하는 전두엽과 밀접한 관련이 있다. 그리고 현 시대의 디지털 환경, 과잉 사교육, 불규칙한 생활 패턴 등은 전두엽 발달에 악영향을 끼친다. 자기조절력과의 연관성을 고려할 때 전두엽 발달은 중요한 과제임이 분명하다. 하지만 문제는, 전두엽 발달 상태를 직접적인 지표로 확인할 방법이 없다는 데 있다. 설령 발달에 문제가 있더라도, 전두엽은 신체처럼 통증을 알려주지도 않고 학교 성적표처럼 점수로 평가받지도 않기 때문이다. 그래서 부모의 세심한 관찰이 필요하다. 이 능력이 부족한 아이는 어느 순간 생활에서 이상 신호를 보이기 시작한다. 확연히 느껴지는 낮은 집중력, 심한 정도의 감정 폭발, 과잉 행동, 스마트폰 과의존 등 다양한 형태로 말이다.

기다려도 좋아지지 않는다

"감정 조절 능력은 아이가 크면 자연스럽게 좋아지지 않을까?" 안타깝지만 그렇지 않다. 내가 우려하는 것은 보통의 부모들이 이를 아이의 타고난 기질 탓이나 일시적인 성장통으로 치부한 채 방치하는 경우가 많다는 점이다. 그저 '좋아지겠거니' 하면서 말이다. 하지만 자기조절력은 시간이 지난다고 해결되는 능력이 아니다. 오히려 적절한 개입 없이 시간을 흘려보내면 문제는 더 깊어지고 아이의 행동 패턴은 고착화된다.

놀라운 연구 결과들

자기조절력의 중요성을 입증한 연구 중 내가 주목하는 연구는 뉴질랜드 더니든(Dunedin) 종단 연구다.[5] 이 연구에서는 1000명을 대상으로 3세부터 32세까지 30년에 걸쳐 추적 관찰하여, 어린 시절

---

5 The Dunedin Multidisciplinary Health and Development Study

자기조절 능력이 성인기의 건강, 재정 상황, 범죄 이력과 밀접하게 연결된다는 사실을 보여주었다.

특히 자기조절력이 낮았던 아이들은 청소년기부터 더 많은 학습 부진, 중독 문제, 경제적 불안, 법적 문제를 겪는 경향이 있었다. 주목할 점은 자기조절력이 **부모의 경제력이나 지능 수준보다도 더 강한 예측력**을 보였다는 점이다. 놀라운 사실임에 틀림없다. 부모의 재산이나 학력보다도 자식에게 큰 영향력을 끼치는 요소는 정작 따로 있었던 것이다. 쉽게 말해 정상적 가정에서 자란 아이일지라도 부모가 자기조절력 관리를 제대로 해주지 못한다면 큰 문제가 생길 수도 있다는 이야기다.

미국 미네소타 대학의 한 종단 연구도 이와 같은 맥락을 보여준다.[6] 유아기 시절 또래 대비 감정 조절과 인내력에서 높은 점수를 받았던 아이들은 확실히 여러 영역에서 다른 모습을 보여주었다. 그들은 청소년기와 성인기에 들어서도 여전히 또래 대비 감정 조절 능력이 높았고 사회적 유대와 직업 안정성 측면에서도 높은 점수를 받았다. 이들은 특히 대인관계 갈등 해결 능력이 뛰어났으며, 스트레

---

[6] Minnesota Longitudinal Study of Risk and Adaptation

스 상황에서 보다 유연한 대처가 가능했다. 이는 자기조절력이 단순히 학습 효율성을 높이는 데 그치지 않고, 사회적 성공과 정서 건강 전반에 영향을 준다는 것을 보여주는 사례다.

정리하자면 자기조절력이 낮은 아이들은 장기적 삶의 질 저하를 겪게 된다는 것이다. 자기조절력이 부족한 아이들은 단순히 학업에서 뒤처지는 것이 아니라, 삶의 전반적인 영역에서 반복적인 실패를 경험할 가능성이 높았다.

자기조절력 부족의 후폭풍

운동장에서도 이러한 사례는 자주 목격된다. 심지어 어떤 아이들은 흡수력, 이해력 등이 좋은 편인데도, 시합 결과에 감정적으로 쉽게 흥분하고 무너진다. 이상하리만치 쉽게 무너지는 것이 이런 아이들의 특징이다. 자신들의 뜻대로 상황이 흘러갈 때는 티가 나지 않는다. 그러나 시합이 안 풀리거나 패배하면 분함을 삭히지 못하고 눈물을 펑펑 쏟거나 벽을 발로 차는 등 감정을 참지 못하는 모습을 쉽게 보인다. 난 이런 아이들을 볼 때마다 자기조절력 부족과의 연관성을 강하게 의심한다. 경험상 어릴 때 자기조절력이 부족했던 아이들은 중학교 진학 후 사춘기가 오면 성격이 더 날카로워지는 경향이 있었다. 결국 어릴 때 단순히 산만함, 충동 부족 정도였던 증상을 부모가 방치하면, 분노조절장애나 우울증, 학교 부적응 등의 추가 문제로 이어질 수도 있기 때문에 쉽게 넘어가선 안 된다.

시스템의 구멍

이처럼 자기조절력은 단순한 기질이 아닌, 평생을 좌우하는 '숨은 엔진'이다. 그런데 문제는 대한민국의 사회가 이 능력을 키우는 방향과는 반대로 가고 있다는 데 있다.

대표적인 문제가 스마트폰 과의존이다. 연구 결과들을 살펴보면 분명 어린 시기 조기 스마트폰 도입은 부작용이 더 많아 보인다. 과학기술정보통신부가 발표한 「2022년 스마트폰·인터넷 과의존 실태조사」를 잠깐 보자. 여기선 초등 고학년 아동의 38.2%가 스마트폰 과의존 위험군으로 분류되어 있다. 중학생의 경우 이 수치는 42.6%에 달한다. 화면을 오래 보는 습관은 단순히 시력에만 영향을 주지 않는다. 주의력을 담당하는 뇌 회로에 지속적인 자극을 주면서, 집중력의 파편화와 충동 조절 능력의 약화를 초래한다.

현장에서 아이들을 보면 무서운 느낌까지 든다. 승하차 차량에서 유난히 스마트폰에 얼굴을 묻고 완전히 몰입하는 아이들이 늘 일정 비율로 있다. 보통 이런 아이들은 수업 시간에 확실히 집중력이 떨어지고 훈련 수행 중 습득력 또한 부족한 경향을 보인다. 이 중 정도가 심한 아이들은 훈련을 수행하다가 조금만 어려움이 생기면 포기하고 나의 개입이 있어야만 다시 집중을 회복한다. 여기에 더해 감정 변화까지 큰 경우, 사소한 상황에서도 울음, 분노, 회피 등으로 반응한다.

여기서 또 하나 주목해야 할 문제는 ADHD(주의력결핍과잉행동장애) 진단의 급증이다. 건강보험심사평가원의 보건의료빅데이터개방시스템에 따르면 만 6~18세 아동청소년의 ADHD 진료 인원이 2018년 4만 4000명에서 2022년 8만 1000명으로 82% 이상 증가했다고 한다. 더욱이 실제 문제를 겪고 있음에도 병원을 찾지 않거나 단순한 산만함으로 오해되는 사례까지 고려하면, 이 숫자는 빙산의 일각일 수 있다.

보상에 중독된 교육 구조, 사교육 중심의 교육 문화 역시 문제다. 한국의 사교육 시스템은 즉각적 결과를 요구하며, 아이의 장기적인 뇌 발달보다는 단기 성과에만 집착한다. 예컨대 문제를 빨리 푸는 아이가 '우수한 학생'으로 평가받는 현 수능 구조에서는 자기조절력을 키울 수 있는 여유와 기다림의 시간이 허락되지 않는다. 아이는 점점 더 빠른 보상에 익숙해지고, 기다림이나 인내는 '비효율적'인 것으로 여기게 된다.

이러한 흐름은 가정에서도 반복된다. 부모가 아이에게 스마트폰을 쥐여주며 잠시의 조용함을 선택하거나 숙제를 대신해 주는 일이 반복되면 아이는 세상이 늘 자신을 즉시 도와줄 것이라 착각하게 된다. 결국 뇌는 점점 '기다릴 줄 모르는 회로'로 길들여지며, 자기조절력은 형성되지 못한다.

이 문제의 근본에는 부모의 역할도 자리 잡고 있다. 한국정보화진흥원(현 한국지능정보사회진흥원)의 스마트폰 과의존 실태 조사에 따르면 한국 부모의 70%가 식사 시간에도 스마트폰을 사용하는 것으로 나타났다. 아이는 부모의 모습을 보며 성장한다. 부모가 감정을 절제하고 일관된 행동을 보이지 않으면 아이도 그런 모델링을 통해 조절을 배우기 어렵다. 뻔한 이야기임에도 부모의 본보기를 계속 강조하는 이유가 이 때문이다. 더 나아가 부모가 자식 앞에서 자신의 감정을 적절히 표현하고 조절하는 모습을 보여주지 못할 경우, 아이는 감정이라는 신호 자체를 회피하거나 억제하는 방식으로 학습하게 된다.

뇌는 자극을 기억한다

그렇다면 우리는 앞으로 어떻게 해야 할까. 전문가들의 주장을 눈여겨 볼 필요가 있다. 뇌 과학계에서는 자기조절력 발달에 있어 가장 중요한 시기가 전전두엽이 급격하게 발달하는 만 3세에서 8세 사이라 본다. 이 시기의 자극과 환경이 아이의 자기조절력 회로 형성에 직접적인 영향을 미치는 것이다. 이 시기 부모는 아이에게 지연된 보상을 경험하게 하고, 감정을 언어로 풍부하게 표현해 주고, 자기 행동을 조절할 기회를 부여하는 등 자기조절력을 키울 수 있는 환경을 제공해야 한다. 전두엽의 시냅스는 이러한 부모의 설계를 통해 후천적으로 정교하게 다듬어질 수 있다.

예를 들어 한 연구에서는, 정서 코칭 기반의 양육 프로그램을 이수한 부모 아래서 자란 자녀가 자기조절력 측정에서 큰 향상을 보였다.[7] 여기에 더해 스트레스 상황에서의 반응 조절 능력도 향상된 것으로 나타났다. 또 다른 연구에서는 과제와 보상 간의 간격을 의도적으로 늘려 자기조절력을 훈련한 아동들이 그렇지 않은 아동에 비해 충동 조절과 집중력에서 더 높은 점수를 기록했다.[8]

한 가지 다행인 것은 골든타임을 놓친 것이 완전한 끝을 의미하는 건 아니라는 것이다. 뇌는 가소성[9]이 높은 기관이다. 즉, 후천적 훈련과 환경 변화에 따라 언제든 변할 수 있다. (그럼에도 적정 시기를 놓쳤으므로 그만큼의 노력과 시간이 더 드는 것은 어쩔 수 없다.)

실제로 이미 성인이 된 대학생을 대상으로 한 자기조절력 훈련 프로그램에서도 목표 달성률, 충동

---

7 「A Pilot Study of a Parent Emotion Socialization Intervention」, Bølstad, E. et al., 2021.
8 「The relationship between preschoolers' delay of gratification and self-regulation skills」, Tutkun, C., 2022.
9 모양이 변하는 성질.

성 감소, 습관 형성 등에서 뚜렷한 향상 효과가 확인되었다.[10] 성인이 되어서도 뇌는 변화할 수 있다. 따라서 아이가 몇 살이든 지금부터 관리해 나가면 될 것이다. 무엇보다 자기조절력은 타고난 기질이 아니라 훈련 가능한 기술이라는 점에서 희망이 있다.

지금 당장 무엇을 해야 하는가?

아들을 위한 자기조절력 설계는 이제 명확해졌다. 부모가 이 시기를 놓치면 아이의 평생 성공과 실패가 갈릴 수 있다는 냉혹한 현실을 직시해야 한다. 자기조절력은 IQ보다도 더 강력한 성공 예측 지표라는 것이 지난 수십 년간의 연구로 입증되었으니 말이다. 지금부터 시작하는 작은 변화가 아이의 미래를 180도 바꿀 수 있다.

기억하라. 매일매일 반복되는 작은 실천이 아이

---

10 「대학생을 위한 행동조절 중심 자기조절학습 프로그램의 개발 및 효과」, 김은영, 2013.
「자기조절능력향상프로그램이 남자 비행청소년의 자기통제력 및 충동성에 미치는 효과」, 성상희·홍창희·김귀애, 2014.

의 전두엽을 튼튼하게 만든다. 이런 훈련 안에서 자란 아이는 강력한 자기조절력의 토대 위에서 한 발 두 발 앞서 나가기 시작할 것이다. 무수한 어려움 앞에서도 스스로를 다스릴 수 있는 정신력이 아이에게 깃드는 것이다.

아이는 혼자 바뀌지 않는다

분명한 사실은, 아이 혼자 자기조절력을 키울 순 없다는 점이다. 부모의 치밀한 설계가 필요하다. 부모가 태도, 생활 습관, 교육 환경 등을 설계하여 장기적으로 만들어 줘야 하는 능력이다. 그리고 그 최고의 시작은, 부모가 자기조절력의 본질을 이해하고 시기를 놓치지 않는 것에서 출발한다.

   자기조절력의 존재를 잘 아는 부모 밑에서 자란 아이가 얻을 수 있는 이점은 무궁무진하다. 개인적으로 이 교육은 돈을 주고도 살 수 없다고 생각한다. 자기조절력은 아이에게 줄 수 있는 가장 값진 선물이며, 동시에 부모로서 가장 중요한 책임이다.

실천 체크 리스트 : 일관적 교육의 중요성

① 때때로 작은 도전을 만들어라

이 교육은 쉽지만 강력하다. 예를 들어 아이가 간식을 달라고 할 때 "3분만 기다려 보자"라고 말해 본 후 아이의 반응을 살펴보는 식이다. 이때 실제로 기다리는 데 성공했다면 "와, 참고 기다렸구나! 정말 대단하다!" 하는 식으로 구체적 칭찬을 제공하라. 하루에 2~3번 정도 이런 작은 기다림의 순간을 일부러 만들어 보는 것이다. 이는 자연스럽게 아이에게 충동을 억제하는 성취감을 느끼게 만든다.

② '감정 이름 부르기'로 아이의 마음을 읽어주어라

아이가 화를 낼 때 즉시 제재하지 말고 "지금 화가 났구나", "속상했구나"라고 감정을 언어로 표현해 주어라. 이 과정을 통해 아이는 자신의 감정을 인식하고 조절하는 방법을 배우게 된다. 자신의 감정을 부모가 알아준다는 믿음 자체가 아이에겐 무언가를 참고 견딜 수 있는 큰 힘이 된다.

③ '선택권과 책임감'을 동시에 주어라

TV를 30분 보기로 약속했다면, 더 본 시간만큼 다음번 시청에서 차감하라. 시간이 지나며 아이 스스로 조절하는 습관이 자리 잡을 것이다. 아이가 먼저 "오늘

10분 더 봤으니까 내일은 20분만 볼게" 하는 식으로 스스로 조절하는 단계에 들어가도록 만드는 것이 이상적이다. 선택에 따른 책임, 이것을 아이 스스로 받아들이도록 유도하라.

④ '안 돼'를 명확하고 일관되게 사용하라

꼭 필요할 때만 단호하게 "안 돼"라고 말하되, 먼저 아이의 마음을 공감한 후 "그랬구나. 네가 ○○하고 싶었구나. 그렇지만 더는 하면 안 돼"라고 이유와 함께 설명하라. 여기선 당신의 기분에 따라 기준이 달라지지 않도록 일관성을 유지하는 것이 핵심이다.

⑤ 아이 스스로 판단할 기회를 주어라

"너는 어떻게 생각해?"라고 물어보고 아이가 스스로 결정할 수 있게 하라. 어려워할 때는 몇 가지 방법을 제시하되, 최종 선택은 아이가 하도록 도와주어라. 이 과정이 필요한 이유는, 충분한 사고 후 선택하는 루틴이 자리 잡기 시작하면 충동적으로 행동하기보다 한 번 더 생각하는 습관을 갖게 되기 때문이다.

⑥ '과정 중심 칭찬'으로 내적 동기를 키워라

"착하네, 잘했어"보다는 "화가 많이 났을 텐데 소리도 안 지르고 말로 표현했구나. 정말 멋진 행동이야"처럼 구체적인 행동과 노력을 칭찬하라. 아이는 결과보다

> 과정에서 성취감을 느끼며 올바른 행동을 반복하게 된다.

Key Point

만 3~8세는 자기조절력 형성의 골든타임이다. 부모의 일상적 지지와 일관된 훈육이 아이의 평생 충동 억제와 감정 조절 능력을 결정한다.

2-6
자기효능감 설계
: 미리 축적해 둬야 할 가장 비싼 심리 자산

이번 챕터에서는 아이의 마인드셋을 완전히 바꿀 수 있는 가장 강력한 도구에 대해 이야기하려 한다. 바로 **자기효능감**이다. 이는 앞선 칭찬 설계와 연계하여 적용하면 더욱 시너지를 크게 낼 수 있는 영역이다. 자기효능감이란 특정 분야에서 '내가 어떤 일을 스스로 해낼 수 있다'는 믿음을 뜻한다. 이는 단순한 자신감이 아니라, 실제로 행동을 시도하고 끝까지 해낼 수 있다는 구체적인 확신이다.

"나는 해낼 수 있는 사람이다!"

당신도 알겠지만 이 자기효능감이 부족한 아이는 성인이 되어서도 능력 발휘에 어려움을 겪는다. 보통 성인이 되었는데도 자기효능감에 문제가 있는 사람은 어린 시절 이 설계 없이 자랐을 가능성이 크다. '나는 이런 건 할 수 없는 사람이야'라는 생각에 깊게 빠지면 학교나 사회생활에도 문제가 생긴다. 어른이 되어서도 일을 안 하고 집 안에 숨어있는 성인이 얼마나 많은가? 통계를 보면 기가 찰 따름이다. 거대한 정신적 전염병이 한국에 퍼진 것 같은 기분이 든다. 이는 분명 자기효능감의 결핍과 연관이 있다는 생각을 지울 수 없다. 당신의 아들만큼은 이런 생각에 잡아먹히지 않았으면 하는 바람으로 이번 챕터를 준비했다.

수업 때 보면 어린 나이에도 "나는 잘하는 게 없어요", "나는 못해요"라는 말을 아무렇지 않게 하는 아이들이 있다. 자기효능감 부족이 여실히 드러나는 부분인데, 대충 흘려듣고 넘어가기가 어렵다. 강조하건대 자기효능감은 아이 인생에 있어 매우 중요한 지점이므로, 부모가 적극적으로 개입하여 관리해야 한다. 아이의 평생 도전 정신과 회복탄력성, 자기주도성을 결정짓는 핵심 능력이기 때문이다. 이 챕터에서 나는 왜 특정 시기에 자기효능감을 설계하는 것이 그토록 중요한지, 그리고 당신이 아들의 잠재력을 폭발시키기 위해 어떤 전략을 취해야 하는지 꼼꼼하게 분석하고 구체적인 실천 지침을 제시할 것이다.

아동기, 아이의 '마음 근육'을 키울 기회

왜 아동기(4~7세)가 자기효능감 설계의 핵심 시기인가? 최신 발달심리학, 교육심리, 소아정신건강 연구 결과들이 입을 모아 이 시기를 자기효능감 형성의 결정적인 '핵심기'로 보기 때문이다. 이 시기 아이들은 자기주도성, 자율성, 주도성, 자기평가 능력이 폭발적으로 성장한다. 이때 부모의 인정, 격려, 성공 경험, 언어적 설득 등이 아이의 자기효능감 형성에 결정적으로 작용한다.

교육이 적절히 이루어지면 아이는 도전, 학습 태도, 사회성, 정서 안정에서 큰 심리적 여유를 갖게 된다. 발달심리학은 성격과 자아 개념, 자기효능감의 기본 골격이 여섯 살에서 일곱 살 전후에 자리 잡는다고 말한다. 이 시기를 놓치면 이후 형성된 자기효능감을 바꾸기가 훨씬 더 어려워진다는 뜻이다. 즉, **자기효능감 설계는 4세에서 7세 사이에 집중적으로 이루어져야** 아이의 평생 도전 정신과 회복탄력성, 자기주도성의 단단한 토대를 만들 수 있다. 내가 아동기에 이 챕터를 넣은 이유가 바로 이 때문이다.

당신의 '선한 의도'가 아이의 '자신감'을 꺾을 수도 있다

서두에 말했듯 자기효능감이란 '자신이 어떤 일을 해낼 수 있다고 굳게 믿는 신념'이다. '난 못할 것 같아. 아직 능력이 부족해'는 자기효능감이 약한 상태이고, '노력하면 내 능력으로 충분히 해낼 수 있을 것 같은데?'는 자기효능감이 강한 상태다. 이는 매우 큰 격차다.

이쯤에서 수학 문제 푸는 방법에 대해 당신이 자녀에게 조언하는 상황을 생각해 보자. 부모는 아이가 문제를 이해하기 위해 명확한 설명이 필요하다고 생각한다. 자신의 명쾌하고 꼼꼼한 설명이 아이의 이해와 실력을 높여줄 거라 믿어 의심치 않는다. 그러나 때때로 예상치 못한 상황이 발생한다. 아이가 "나도 어떻게 푸는지 알아!" 하며 설명을 거부하고 화를 내버리는 등의 상황이다.

이때 부모의 실수는 무엇이었을까? 바로 '자녀의 욕구를 고려하지 않은 채' 조언한 부분이라 할 수 있다. 이런 행위는 놀랍게도 아이의 자기효능감을 훼손할 수 있기 때문에 주의해야 한다. 부모의 선한 의도와는 반대의 결과가 나올 수 있는 것이다.

'내가 할 수 있을 것 같은데 엄마/아빠가 자꾸 해 주려 해!'

부모의 착한 도움이 촉발시킨 이 의심은, 자칫 아이에게 '내가 못나서, 내가 못해서 엄마 아빠가 자꾸 날 돕는 거야'라는 이상한 확신을 심게 될 수 있다. 자신의 능력에 대한 불신은 자신감을 떨어뜨려 새로운 과제에 대한 도전 의식을 약하게 만들고, 용기 있는 행동을 방해한다. 이런 부작용을 최소화하기 위해서라도, 자식을 도울 때는 주의를 기울여야 한다.

3가지 오해

그렇다면 어떻게 해야 아이의 자기효능감을 조금이라도 더 강력하게 키울 수 있을까? 일단 이와 관련한 부모의 생각부터 바로 세우는 것이 중요하다. 『확신의 심리학』 저자인 네이트 진서(Nate Zinsser)는 자기효능감이야말로 성과를 내는 데 가장 중요한 요소라고 주장한다. 그는 사람들이 이 중요한 감정을 관리하는 데 의외로 관심이 없다는 점을 지적하며, 몇 가지 오해만 바로잡으면 이 인생의 황금키를 쉽게 정복할 수 있다고 말한다.

① 자기효능감은 타고나는 것이다 (X)

많은 부모가 자기효능감을 변동 불가능한 타고난 특성이라 오해하는 경향이 있다. 기질적으로 자신감 없는, 소심한 아이로 태어난 아이들은 어쩔 수 없다는 것이다. 이는 명백한 오해다. 자기효능감은 노력과 훈련으로 충분히 발전시킬 수 있는 능력이다. 아이가 처음 자전거를 타려 할 때 넘어지는 것을 두려워하지 않고 계속 시도했다 치자. 이때 부모가 '노력하면 할 수 있다'는 확신만 심어준다면, 아이의 자기효능감은 분명 소폭 상승한다. 이 과정에서 작은 성공이라도 맛본다면 그 크기는 더욱 커진다. 부모의 개입으로 자기효능감 수치에 분명한 변화가 생기는 것이다. 지금 당신의 아이가 얼마나 강력한 확신을 가졌는지는 중요하지 않다. 아이를 가로막는 생각만 바꿔주면 지금보다 더 나은 자기효능감을 갖게 될 수 있다. 당연히 시작 시기는 빠르면 빠를수록 좋을 것이다.

② 자기효능감은 한 가지다 (X)

한 사람에게 자기효능감이 한 가지밖에 없을 것이

라 생각하는 것 또한 오해다. 분야에 따라 수천수만 가지 자기효능감이 존재한다. 어떤 아이가 그림 그리기에서는 자신감을 보이지만, 축구를 할 때는 주저하는 모습을 본 적이 있을 것이다. 이는 지극히 자연스러운 현상이다. 아이는 특정 활동에서는 '나는 잘할 수 있어!'라고 믿지만, 또 다른 활동에서는 '이건 좀 어려운데…'라고 생각할 수 있다. 이처럼 자기효능감은 활동이나 분야마다 다르게 형성된다. 그렇다면 어떻게 관리해야 하는가? 아이가 잘하는 분야에서는 더욱 강한 확신을 심어주고, 부족함을 느끼는 분야에서는 작은 성공 경험을 통해 점진적으로 확신을 키워주어야 한다.

③ 실수나 실패가 자기효능감을 파괴한다 (X)

오해다. 아이가 퍼즐을 맞추다가 틀리거나 슛을 던지다가 실패할 때 그것을 어떻게 해석하느냐에 따라 오히려 정반대의 결과를 낼 수도 있다. 여기 슛에 계속 실패하고 있는 아이가 있다. 부모는 조금씩 성공에 가까워지고 있다며 계속 격려한다. 결국 연이은 시도 끝에 아이는 골을 성공시킨다. 이 경우 앞선 실패가 자기효능감을 떨어뜨렸는가? 작은 실패가 오히려 '다음에 더 잘할 수 있다'는 확신을 주는 도구로 사용될 수도 있다. 중요한 것은 부모의 해석이다. 실수 자체를 문제 삼기보다, '다시 해볼 용기'와 '노력의 과정'을 칭찬한다면 실패를 전혀 다른 방식으로 사용할 수 있다. 아이는 실패를 통해 배우고, 그 배움이 다음 도전에 대한 확신으로 이어진다. 실패는 우리가 바라보고, 집착하고, 떠올릴 때만 확신에 영향을 미친다.

지금부터 무엇을 해야 하는가?

아들을 위한 자기효능감 설계는 이제 명확해졌다. 아동기에 부모가 어떻게 행동하느냐에 따라 아이의 평생 도전 정신과 회복탄력성이 결정된다. 또한 이 자기효능감 향상에는 앞서 다뤘던 권위 있는 훈육 방식을 적극 도입하는 것이 좋다. 사랑으로 아이를 존중하고 지지하면서, 동시에 명확한 규칙과 높은 목표를 제시하고, 부모가 솔선수범하여 본보기를 보여야 한다.

기억하라. 당신의 작은 행동 하나하나가 아이의 자기 확신을 쌓아 올린다. 당신의 자녀는 당신이 지금 만들어 둔 자기효능감의 토대 위에서 자신의 잠재력을 최대한 발휘하는 진정한 능력자로 성장할 것이다.

> **실천 체크 리스트 : 자기효능감을 키우려면**
>
> ① 아이의 '도전'에 시간을 주어라
>
> 아이가 스스로 무언가를 시도하려 할 때, 비록 서툴고 느리더라도 먼저 지켜보고 기다려라. 바로 개입하여 모든 것을 해주려 하지 말고, 아이가 직접 부딪치고 해결할 기회를 주어라.
>
> ② '과정'과 '노력'에 집중해 칭찬하라
>
> "잘했어!"라는 막연한 칭찬 대신, "네가 이렇게 꾸준히 연습했더니 드리블이 더 빨라졌구나!"처럼 구체적인 노력과 그 결과를 연결 지어 칭찬하라. 아이는 결과보다 노력 그 자체에서 가치를 찾게 된다. (앞선 챕터들과의 연결점을 찾길 바란다.)
>
> ③ '실패'를 '성장'의 기회로 설명하라
>
> 아이가 실패했을 때 '실패는 나쁜 것'이라는 인식을 심지 마라. "이번에는 이렇게 해봤지만, 다음에는 다르게 시도할 수 있어. 실패는 더 잘하기 위한 과정이야"라며 실패를 긍정적인 학습 기회로 바라보도록 도와주어라.

이는 '실패도 무조건 좋게만 보라'는 의미와는 다르다. 실패로부터 얻은 교훈을 잘 활용하면 성공할 확률이 높아진다는 사실을 알려주어야 한다.

④ '보이지 않는 지원'으로 든든한 배경이 돼라

아이가 스스로 어려운 놀이에 몰두하거나 새로운 것에 도전하려 애쓸 때, 때로는 대놓고 조언하기보다 은근한 방식으로 지지하라. 예를 들어 스스로 공부를 하려 할 때 가끔씩 아이 방을 깔끔하게 치워주거나, 좋아하는 간식을 채워두는 등 말없이 긍정적인 환경을 조성하는 것이 훌륭한 예다. 앞서 문제 풀이를 적극적으로 도와주는 부모 예시와 방금 내가 말한 지원의 예시가 어떻게 다른지 생각해 보라.

⑤ '따뜻한 스킨십'으로 아이의 마음을 채워라

나는 약 3년 전부터 아이들과의 스킨십을 전략적으로 늘려왔다. 포옹이나 어깨를 다독이는 등 따뜻한 신체 접촉은 아이에게 사랑과 지원을 받고 있다는 강력한 증거로 해석된다는 명확한 증거를 찾았기 때문이다.[11] 코치(타인)와의 스킨십도 자기효능감 향상에 영향을 끼

---

11 「The Role of Affectionate Caregiver Touch in Early Neurodevelopment and Parent-Infant Interactional Synchrony」, Carozza, S. et al., 2021.

치는데, 부모의 적극적인 스킨십은 얼마나 더 큰 효과를 가져올지 생각해 보라. 적극적 스킨십은 아이의 불안을 낮추고 스트레스 해결 능력을 향상시키는 강력한 필살기다.

Key Point

4~7세는 자기효능감 형성의 핵심기다. 부모의 현명한 지지와 본보기가 아이의 평생 도전 정신과 자기주도성을 결정한다.

# PART 3

아동기
: 8~12세

3-1
경쟁력 설계 첫 번째
: 아이의 경쟁력을 끌어올리는 숨은 무기

앞서 짧게 수면에 대한 이야기를 꺼냈으나, 아이에게 수면은 챕터 하나를 할애해도 부족할 정도로 중요하다. '왜 우리 아이는 죽어라 공부하는 것에 비해 성과가 안 나올까?' 이런 의문에 대한 답은 의외로 수면에서 찾을 수 있다. 초등학교 시기, 아이 공부에는 목숨을 걸면서 의외로 수면은 가볍게 생각하는 부모들이 많다. 이런 무지는 아이가 중고등학교에 올라가면 더 큰 부작용을 발생시킨다. "하루 24시간이 모자라다"며 밤 12시가 넘어서야 재우고, 아침 일찍 깨우는 걸 당연시 한다. 학원 스케줄에 맞춰 수면을 조절하고, 시험 기간엔 "좀 더 공부하라"며 잠자리까지 미루게 한다. 통탄할 노릇이다. 이건 긴말할 것 없이 아이의 경쟁력을 박살

내는 최악의 선택이다. 이는 내 개인 의견이 아니라 해외 전문가들이 공통적으로 내놓은 연구 결과다.

한국 아이들의 수면 참혹사

얼마 전 OECD 2025년 최신 수면 통계[1]를 보고, 내 우려가 틀리지 않았다는 것을 확신했다. 한국 청소년의 평균 수면 시간은 몇 시간일까? 6시간 3분이다. 이 수치는 미국(8시간 40분), 캐나다(8시간 35분), 프랑스(8시간 22분)와 비교하면 거의 2시간 30분이나 짧다. 미국 소아과 학회는 청소년에게 8~10시간의 수면을 권장한다. 한국 아이들은 그 권장량을 심각할 정도로 못 채우고 있다.

국가	평균 수면 시간	권장 수면 시간과의 차이
미국	8시간 40분	+40분 (권장 범위 내)
캐나다	8시간 35분	+35분 (권장 범위 내)
프랑스	8시간 22분	+22분 (권장 범위 내)
한국	6시간 3분	−1시간 57분

---

[1] 「2025 Youth Sleep Statistics」, OECD Data, 2025.

한국 고등학생의 70% 이상이 만성적 수면 부족 상태라는 통계도 있다.[2] 이는 단순한 피로 문제가 아니다. 늘 뇌에 데미지를 입은 상태에서 공부를 하고 있다는 의미다. 노력 대비 효율이 떨어질 수밖에 없다.

수면 부족이 아이 뇌에 가하는 치명적 타격

① 기억력과 학습 능력의 직격탄

최근에도 수면과 학업 간의 상관관계 연구는 꾸준히 쏟아지고 있다. 당장 2024년 하버드 의대와 UCLA 공동 연구팀이 발표한 연구 결과만 봐도 충격적이다.[3] 적정 수면을 취한 아이들의 기억 정착률이 수면 부족 아이들보다 무려 2.3배나 높았다. 잘 잔 아이들이 못 잔 아이들에 비해 2.3배 더 잘 기억한다는 이야기다. 특히 7~12세 아이들은 성인에 비

---

2 「한국 청소년 수면 부족 실태와 건강 영향 연구」, 양창국, 2024.
「한국 청소년 수면 실태 및 건강 영향」, 김기훈, 2020.
3 「Sleep strengthens memory and shifts its underlying neural representations in elementary school-aged children」, Kurth, S., Stamoulis, C., et al., 2024.

해 수면 중 기억 강화 효과가 훨씬 크다. 따라서 눈치 빠른 부모로부터 수면 관리를 받으며 공부하는 아이들이 학업에서 더 유리할 수밖에 없다.

왜 그럴까? 아이들의 뇌는 성인과 달리 깊은 잠의 비율이 25~35%에 달한다. 성인은 이보다 적은 15~20%다. 이 '깊은 잠' 동안 뇌에서는 낮에 학습한 내용이 해마에서 대뇌피질로 이동하며 '장기기억'으로 굳어진다. 그러니 이 시기 수면이 부족하면 어떤 일이 발생하겠는가? 학교에서 열심히 공부해 둔 내용들이 정작 장기기억으로 이동하지 못하게 된다. 잠을 줄여가며 아무리 열심히 공부해서 외우려 해도 기억에 잘 남지 않는 이유가 바로 여기에 있다. 머리에 내용물을 넣는 것도 공부, 넣은 내용물을 장기기억 창고로 저장시키는 것도 공부인데, 잠을 줄이며 하는 공부는 둘 중 하나만 하는 것이다. 잠을 줄이면서 하는 공부는, 뇌라는 큰 항아리에 물을 쉬지 않고 퍼 담지만 그 아래가 깨져 있어 정작 물이 줄줄 새는 상황과도 같다.

② 성장호르몬 분비의 결정적 차이

당신도 알고 있겠지만 이참에 명확하게 짚고 넘어가자. 우선 성장호르몬의 분비 대부분(70~80%)은 밤에 자는 동안, 특히 깊은 수면에서 일어난다. 수면이 부족하면 호르몬 분비량은 급격히 줄어든다. 이는 키, 근육, 면역, 두뇌 등 신체 발달의 모든 전선에 적신호를 켜는 것과 같다. 다른 무엇과도 타협하지 말고, 아이의 수면 시간부터 확보해야 하는 이유다.

③ 감정 조절과 스트레스 대응력 붕괴

수면 부족은 이전 챕터에서 강조했던 자기조절력과 관계가 있다. 수면이 부족한 아이들의 뇌를 MRI로 찍어보면 대체로 편도체(감정 중추)가 과활성화되어 있고, 전두엽(이성적 판단 중추)의 활동이 둔화되는 경향을 띤다고 알려졌다. 쉽게 말해 잠이 부족할수록 아이의 이성적 판단 능력이 떨어지기 때문에 감정적인 아이로 변하기 쉽다는 것이다. 감정적인 아이가 된다는 건 작은 일에도 짜증을 잘 내고, 집중을 하지 못하며, 스트레스에 쉽게 무너지게 된다는 뜻이다.

아이가 초등 고학년으로 올라가면서, 아이의 예민함 때문에 스트레스를 호소하는 부모들이 많아진다. 보통은 이를 사춘기가 오면서 발생하는 자연스러운 변화라 여기며 대충 넘어가지만, 그 정도가 심하다면 수면을 의심해 볼 필요가 있다. 그 원인이

다름 아닌 아이의 만성적 수면 부족 때문일 수 있기 때문이다. (앞서 소개한 한국 청소년의 수면 시간표를 다시 확인해 보라.)

수면과 학업성취도의 놀라운 상관관계

다음은 2024년 연세대학교 교육학과에서 전국 중고생 2만 1283명을 대상으로 실시한 대규모 연구 결과다. 이들에 따르면, 8시간 이상 잠을 자는 학생들의 성적이 6시간 미만 수면 학생들보다 평균 1.2등급 높았다. 잠을 줄여가면서 공부했던 아이들이, 잠을 충분히 자고 공부한 아이들보다 성적이 더 낮게 나왔다는 의미다. 더군다나 차이가 너무나 크다. 우리나라 입시판을 생각해 보라. 단 몇 문제 차이로 서울이냐 지방이냐가 갈리는 것이 현실이다. 그런 싸움터에서 1.2등급은 실로 엄청난 차이다. 충격적 사실은 특히 수학과 과학처럼 깊은 사고력을 요하는 과목에서는 격차가 더 벌어졌다는 점이다. 연구에 따르면 수면 시간이 늘어날수록 문제 해결력 및 사고력 또한 비례해서 향상되는데, 이 격차는 분명 수면 부족이 영향을 끼친 것으로 보인다.

수면 중에는 뇌의 '디폴트 모드 네트워크'(default mode network)[4]가 활성화된다. 이때 뇌는 낮에 입력된 정보들을 재조합하고 새로운 연결고리를 만든다. 창의성과 통찰력의 원천이 바로 여기서 생겨나는 것이다. 수면은 단순 암기력을 넘어 창의력에도 큰 영향을 끼친다. 공부는, 밤새 문제집을 푸는 아이보다 충분히 자고 맑은 정신으로 공부하는 아이가 이길 확률이 높은 싸움이다.

운동도 수면이 승부를 가른다

운동에 욕심이 많은 아이들에게 내가 자주 하는 조언 또한 수면이다. 수면과 운동 능력 또한 밀접한 상관관계가 있다. 잠을 충분히 자는 아이들의 운동 능력 향상 속도가 훨씬 더 빠를 수밖에 없다는 이야기다. 스탠포드 대학 스포츠의학과 연구진이 입증한 데이터가 주목할 만하다.[5] 이들에 따르면 수

---

[4] 잘 때 뇌가 창의적인 생각을 떠올리고, 기억을 정리하는 숨은 작업 모드.

[5] 「The Effects of Sleep Extension on the Athletic Performance of Collegiate Basketball Players」, Cheri D. Mah et al., 2011.

면 시간을 8시간에서 10시간으로 늘린 농구선수들의 슛 성공률이 9% 향상되었고, 스프린트 기록 또한 0.6초 단축됐다고 한다. 이유가 무엇일까? 수면 중에는 근육 회복과 동시에 운동기억 강화가 일어나기 때문이다. 낮에 연습한 동작들이 뇌에서 '자동화', 쉽게 말해 자연스러운 습관으로 자리 잡는 시간이 바로 깊은 잠 시간이다. 축구의 멋진 드리블, 농구의 높은 슛 성공률, 수영의 아름다운 영법…. 이 모든 '몸의 기억'은 충분한 수면 없이는 완성되지 않는 것이다. 몸 관리에만 연간 수십억 달러를 쏟아붓는 르브론 제임스, 호날두(Cristiano Ronaldo) 등의 슈퍼스타들이 수면에 목숨을 거는 데는 다 이유가 있다.

수면 부족이 만드는 악순환의 고리

한국 아이들이 빠지는 악순환은 다음과 같다.

수면 부족 → 집중력 저하 → 학습 효율 떨어짐 → 더 오래 공부 → 잠자는 시간 더 줄임 → 수면 부족 → 집중력 저하

이쯤에서 2024년 보건복지부가 진행한 「2024년 청소년건강행태조사 결과」를 보자. 조사에 따르면 전국 고등학생의 약 90%가 하루 7시간 미만의 수면을 취하는 것으로 나타났다. 이는 곧 대부분의 청소년들이 만성적인 수면 부족에 시달리며, 위에서 말한 악순환에 빠질 위험에 노출되어 있음을 보여준다. 더 열심히 하려고 잠을 줄였는데, 오히려 성과가 더 나빠지는 안타까운 늪에 빠진 것이다. 반대로 수면을 투자 관점에서 접근했던 아이들은 어떨까?

충분한 수면 → 높은 집중력 → 효율적 학습 → 여유 시간 확보 → 규칙적 수면 패턴 → 더 나은 컨디션 → 높은 집중력

같은 공부 시간이라도 이미 짜인 구조상 질적 차이가 날 수밖에 없다. 이쯤에서 아이의 수면을 경제학 관점에서 생각해 보자.
  아이의 질 높은 수면을 1시간 더해 주었을 때, 여러 연구들이 공통적으로 보고한 긍정적 변화는 아래와 같이 정리할 수 있다.

① 학습 효율 약 10~20% 향상

② 기억 정착률 약 20~30% 증가
③ 스트레스 저항력 약 20~30% 강화
④ 면역력 약 15~20% 상승

위 데이터는 여러 실험 결과들을 종합하여, 내가 최대한 보수적으로 정리한 수치다. 실제로는 더 높게 나온 연구 결과들도 많다.

이처럼 수면은 그 어떠한 공부 기술보다도 투자 대비 효과가 크다. 예를 들어 밤 12시에 자던 아이를 11시에 재우면, 하루 1시간 투자로 나머지 23시간의 질이 극적으로 달라지는 것이다. 이만한 고효율 투자가 또 있을까?

과학이 증명한 최적의 수면 설계법

다음은 내가 다양한 책들을 읽으며 터득한 방법을 정리한 것이다. 많이 자고 싶어도 잘 잠들지 못하는 아이들이 많아지고 있다. 지금부터가 핵심인데, 저녁에 좋은 수면을 취하도록 만들기 위해선 전략적 노력이 필요하다.

① 아침 햇볕 5분의 마법

수면 관리는 사실 아침에 해두어야 한다. 수면을 관장하는 대표적 호르몬으로 멜라토닌이 있다. 체내에서 멜라토닌이 풍부하게 나오면 잠이 잘 오게 된다. 그리고 멜라토닌은 햇볕과 관련이 깊다. 햇볕을 쬔 후 약 12시간 후부터 멜라토닌이 분비되는 것으로 알려졌다. 아침에 햇볕을 쬐야 밤에 잘 잘 수 있다는 이야기다. 맑은 날에는 5~10분, 흐린 날에는 이보다 조금 더 쬐는 것만으로 충분하다. 예를 들어 아침 8시에 햇볕을 쬐어두면, 저녁 10시가 넘어가면서 자연스럽게 졸음을 유도할 수 있다. 이처럼 시간에 맞춰 전략적으로 햇볕을 보게 해주면 아이 수면의 질을 높일 수 있다. 명심하라. 수면 승부는 아침에 결정 난다.

② 아침식사가 체내 시계를 조율한다

시간영양학 연구[6]에 따르면, 아침 식사 시간이야말로 체내 시계의 핵심 스위치라고 한다. 매일 같은 시간에 아침을 먹으면, 몸이 그 시간을 '아침'으로 인식하고 수면 리듬이 자동으로 맞춰진다는 것이다. (점심과 저녁은 아침에 비해 영향력이 매우 적었다.) 이는 아침을 거르거나 불규칙하게 먹는 것은 곧 수면에 악영향을 끼친다는 말과 같다. 중요한 것은 양이 아니라 시간이다. 정해진 시간에 규칙적으로, 조금이라도 아침을 먹고 하루를 시작하는 루틴을 만들어 주는 것이 좋다.

③ 가벼운 저녁 산책의 효과

저녁 식사 후 15분 정도의 가벼운 산책만으로도 몸의 긴장이 풀리고, 수면을 돕는 호르몬 리듬이 안정된다는 연구 결과가 있다.[7] 규칙적인 산책은 아이의 깊은 수면을 돕는 효과적인 습관이다. 다만 잠들기 2~3시간 전의 격한 운동은 오히려 수면을 방해할 수 있으니 피해야 한다. 수면의 중요성에 당신도 동의한다면, 반드시 저녁 산책을 아이 일과에 넣어주어라. 가벼운 명상 효과가 있어 생각 정리에도 도움

---

6 「Delayed first active-phase meal, a breakfast-skipping model, led to increased body weight and shifted the circadian oscillation of the hepatic clock and lipid metabolism-related genes in rats fed a high-fat diet」, Shimizu, H. et al., 2018.
「Skipping breakfast for 6 days delayed the circadian rhythm of the body temperature but did not alter the peak time of clock gene expression in human leukocytes」, Ogata, H. et al., 2020.
「Meal timing and its role in obesity and associated diseases」, Peters, B. et al., 2024.
7 『수면 투자』, 다나카 카나타 지음, 장은정 옮김, 예문아카이브, 2022.

이 될 것이다.

④ 방 청소의 숨은 효과

정리정돈은 단순 노동이 아니라 계획, 주의 조절 같은 전두엽 기능을 사용하는 인지 활동이다. 아이가 방 청소를 하면 물건이 정리될 뿐 아니라 두뇌도 차분해지고 이를 통해 심리적 안정감까지 얻을 수 있다. 시각적으로도 깔끔해진 환경은 기분을 좋게 만들고, 산만했던 마음을 가라앉혀 궁극적으로 질 좋은 수면에도 도움을 준다. 따라서 아이에게 스스로 방 청소하는 습관을 만들어 주는 것은 수면의 질을 높이는 효과적 방법이 될 수 있다.

수면 투자, 지금 시작해야 하는 이유

몇 번이나 강조하지만, 아동기는 아이 뇌 발달의 골든타임이다. 이 시기에 만성적 수면 부족이 계속되면 다음과 같은 치명적 문제들이 누적된다.

① 해마 활성이 저하된다. (기억력 손상)
② 전두엽 발달이 지연된다. (판단력, 창의력 저하)

③ 신경 연결망 형성이 불완전해진다. (평생 학습 능력 제한 가능성)

이처럼 아동기의 만성 수면 부족은 이후에도 완전히 회복하기 어려운 장기적 영향을 남길 수 있다. 반대로 지금부터 수면에 투자하면 이런 이점들을 누릴 수 있다.

① 집중력, 기억력, 문제 해결 능력, 창의력 등 핵심 두뇌 역량이 비약적으로 향상된다.
② 공부든 운동이든 습득 속도가 눈에 띄게 빨라진다.
③ 감정 폭발, 짜증, 산만함이 크게 줄어든다.
④ 감기 등의 잔병치레 횟수가 크게 감소하는 등 면역력이 향상된다.

수면은 최고의 경쟁력 설계 중 하나다. 물론 운동 열심히 시키고 공부 열심히 시키는 것 또한 중요하다. 하지만 이 모든 것들의 토대가 되는 기둥이 바로 수면이다. 수면 투자 없이는 운동해도 실력이 늘지 않고, 공부해도 머리에 남지 않으며, 어떤 것을 배워도 깊이 체화되지 않는다. 수면은 절약해야 할 대상이 아니라, 오히려 공격적으로 투자해야 할 투자처에 가깝다.

 오늘부터 아이의 잠자리 시간을 1시간만 앞당겨 보자. 그리고 한 달 후 변화를 지켜보자. 아이의 집중력, 기억력, 감정 조절력, 창의력이 동시에 폭발하는 마법 같은 변화를 목격하게 될 것이다. 기억하라. 아이의 진짜 경쟁력은 더 오래 깨어 있는 데서 나오는 게 아니라, 더 깊이 잠드는 데서 나온다.

3-2 경쟁력 설계 두 번째

: AI가 대체할 수 없는 내 아들만의 기술

대부분의 부모가 아직도 '입시 공부'에만 매달린다. 물론 정답은 없으나, 미래에 아이가 취업 시장에 뛰어들 때 가장 필요한 능력이 무엇일지는 한번 냉철하게 고민해 봐야 한다. 세상이 빠르게 변하고 있다. 이제는 챗GPT가 소설을 쓰고, 알파고가 바둑을 가르치고, AI가 의사보다 정확한 진단을 내리는 시대다. 이것도 불과 몇 년 사이에 일어난 일들이다. 세상은 암기와 점점 멀어지고 있는데, 대부분의 부모들은 여전히 '암기'와 '문제 풀이' 학원에만 아이들을 내몰고 있다.

나는 챗GPT의 등장이, 과거 인터넷의 등장과 비슷한 수준의 혁신이라고 생각한다. 잠깐 재밌는 상상을 해보자. 1990년대 초반, 동네 초등학생이 엄마에게 달려가 이런 말을 한다면?

"엄마, 나는 커서 컴퓨터로 옷 팔 거야."

그 학생은 높은 확률로 엄마에게 등짝을 맞으며 이런 말을 들을 것이다.

"무슨 헛소리야? 공부나 할 것이지."

2000년대 초반, 당시 초등학생인 아이가 엄마에게 달려가 이런 말을 한다면?

"엄마 나는 TV 방송인이 아닌 인터넷 방송인이 될 거야. 인터넷 방송으로 돈 벌 거야."

이 아이도 분명 등짝을 맞으며 이런 말을 들었을 것이다.

"무슨 헛소리야? 공부나 할 것이지."

당시엔 합리적으로 보였던 부모들의 예측이 지금 와서 보면 완전히 틀렸다. 불과 몇 년 후, 세상의 변화를 빠르게 눈치 채고 위와 같은 직업군을 선점했던 아이들은, 어른들의 예측을 비웃기라도 하듯 엄청난 부를 축적했다. 이들이 부모의 생각을 따라 공부만 고집했다면 그렇게까지 큰 성공을 거둘 수 있었을까?

인터넷이 등장하기 전, 기존의 부모들은 지금의 직업군을 상상조차 할 수 없었다. 어린 나이에 자신들이 상상도 못해 봤던 신문물이 들어오니 사고가 막혀버렸던 것이다. 경험해 보지 못한 신세계를, 알량한 자기의 경험만으로 예측하려 들었던 것이 문제였다. 지금 와서 보면 황당할 정도로 크게 빗나간 예측임에 틀림없다. 그리고 나는 요즘, 당시 인터넷 등장만큼의 혁신이 한 번 더 도래했다는 느낌을 받는다.

이쯤에서 "공부나 할 것이지!"가 과연 현명한 말인지 다시 한번 생각해 보길 바란다. 2025년 현재, AI가 이미 500개 이상의 전문 기술을 인간보다 잘 수행한다는 연구 결과가 속속들이 등장하고 있다. 이제는 소프트웨어 엔지니어, 법무팀, 금융 분석가까지도 AI의 위협을 받는다. 불과 몇 년 전 전문가들이 나와서 떠들어대던 예측과는 전혀 반대의 상황이 펼쳐진 것이다. (단순 반복 노동만이 빠르게 사라질 것이라는 예측이 많았었는데, 이 분석마저 황당할 정도로 빗나가고 있다.)

그렇다고 "입시 공부 따위 시키지 말고 챗GPT를 가르쳐라"라고 하는 말은 결코 아니다. 다만 세상의 변화는 빠르고 미래는 예측이 불가능하니 'AI가 침범하기 힘든 가치에 투자해 둬야 한다'가 나의 주된 요지다.

'변화'에도 '변함없는' 가치

세상이 이렇게 빠르게 변하는데, 과연 변하지 않을 가치가 있을까? 있다. 나는 AI가 절대 흉내 낼 수 없는 '인간만의 무기'가 있다고 생각한다. 바로 관계력이다.

세계경제포럼(WEF)이 발표한 「2025년 미래직업 보고서」(The Future of Jobs Report 2025)를 보자. 이들은 2030년까지 직장인 핵심 역량의 39%가 완전히 바뀔 예정이라고 예측했다. 기술적 전문성보다 창의적 사고, 회복탄력성, 리더십, 사회적 영향력이 훨씬 중요해진다는 것이다. 여기에 더해 또 하나의 놀라운 데이터가 있다. 소프트 스킬[8]에 대한 구인 수요가 하드 스킬[9]을 역전할 것이라는 의견이 바로 그것이다. 당장 최근 데이터만 봐도 하드 스킬 우선 채용이 소프트 스킬보다 단 4% 높은 정도인데, 2030년에는 소프트 스킬 중심 일자리가 전체의 63%를 차지할 예정이라 한다. 결국 미래 사회는 단순히 기술적으로 일만 잘하는 사람보다, 인간관

---
8 점수나 자격증이 아닌, 사람과 어울릴 때 진짜 드러나는 기술.
9 시험 점수나 자격증같이 수치로 평가 가능한 기술.

아동기 : 8~12세

계가 좋고 갈등 관리를 잘하는 사람을 더 원하게 될 것이다. 다른 일들은 AI가 대체하게 될 테니까 말이다.

링크드인의 데이터는 더욱 그런 흐름을 보여준다. 전 세계 프리미엄 채용 공고의 48%가 벌써 소프트 스킬을 언급하고 있으며, 45%가 '커뮤니케이션 능력'을 필수 조건으로 명시한다.

구분	2024년	2030년 예측
하드스킬 중심 채용	52%	37%
소프트스킬 중심 채용	48%	63%
AI 대체 불가 영역	사회적, 감정적 지능	관계력, 협상력, 갈등 관리

AI 시대, 마지막 남은 인간 고유 영역

AI의 능력은 빠른 속도로 발전하고 있다. 수학 문제를 풀고 언어를 번역하고 심지어 영상 제작까지 한다. 그러나 녀석도 '진짜 인간들 사이의 관계'만큼은 정복하기 어려울 것이다. 그래서 관계력의 중요성은 오히려 시간이 지날수록 더 커질 확률이 높다. 데이터를 하나 더 보자.

2024년 딜로이트 호주 연구진이 발표한 결과다.[10] 사회적 상호 작용이 필요한 직업의 비율이 2016년 대비 12%포인트 증가했다. 반면 수학 집약적이지만 사회성이 낮은 STEM 직업[11] 들은 3.3%포인트나 감소했다. 대체 왜 이런 현상이 벌어지는 걸까? 머신러닝이 아무리 발달해도 공감, 창의적 협업, 갈등 중재, 팀워크, 협상은 결국 인간만이 할 수 있는 고유 영역이기 때문이다.

최근 '감정적 지능'(emotional intelligence)이 2024년 리더십 필수 역량 1위에 오른 것 또한 흥미롭다.[12] AI가 데이터를 인간보다 잘 분석할 수는 있다. 그러나 상대방의 미묘한 감정 변화를 읽고, 적절한 타이밍에 공감하며, 서로 다른 의견을 슬기롭게 조율하는 일은 분명 여전히 인간만의 몫이다.

---

10 「The path to prosperity: Why the future of work is human」, Deloitte Access Economics & Deakin University, 2024.
11 과학, 기술, 공학, 수학 관련 직업.
12 "Emotional Intelligence No. 1 Leadership Skill For 2024, Says Research", 「Forbes」, 2024/1/5.

관계력이 학업 성취도까지 좌우한다

나는 이 관계력이 성인보다 오히려 어린아이가 꼭 갖춰야 할 능력이라 확신한다. 놀랍게도 이 능력이 아이의 학습 능력 자체를 결정하는 핵심 변수이기 때문이다. 미국심리학회(APA)와 국제 심리학 학술지인 「프런티어스 인 사이콜로지」(Frontiers in Psychology)에 발표된 최근 연구들(2021~2023년)은 '또래 관계가 좋은 학생일수록 학업 성취도와 학교 적응도가 보수적으로 의미 있게 높아진다'는 사실을 결과로 보여주고 있다.

특히 또래 관계가 높은 아이들에게서 '안정적인 또래 관계→자기효능감 향상→학업 복원력 향상→학습 참여도 상승→성적 향상'으로 이어지는 **연쇄 효과**(chain mediation)가 계속해서 확인된다.

이처럼 또래 관계는 학업 성취에 여러 측면에서 긍정적 영향을 주며, 전체적 효과는 대략 10~40% 사이로 나타난다. 특히 친구들과의 좋은 관계가 자기효능감과 학습 참여도를 끌어올려, 간접적으로 학업에 도움을 주는 것으로 확인된다.

추가로 관계력이 뛰어난 아이들은 대체로 다음과 같은 특징을 가지고 있다.

① 학습 동기가 높다. 이는 함께 공부할 친구들과의 상호 작용에서 비롯된다.
② 스트레스를 잘 관리한다. 어려움이 있을 때 주변으로부터 도움을 받은 경험이 많기 때문이다.
③ 자신감과 자기효능감이 높아 도전에 강하다. 인정과 지지를 받았던 경험이 풍부하기 때문이다.
④ 문제 해결력과 다양한 관점을 수용하는 능력이 계속해서 발달한다. 이는 주변과의 협력 및 피드백 과정에서 더욱 강화된다.

이처럼 다국적 연구들은 또래 관계가 학업뿐 아니라 정서적·심리적 성장에도 중요한 역할을 한다는 점을 반복적으로 언급하고 있다. 결국 아이의 학업 또한 안정적 인간관계에서 꽃핀다는 사실이 확인된 것이다.

현장에서 목격한 관계력의 힘

다음은 내가 운동장에서 지난 10년간 직접 목격한

사례들이다. 내 경험상 비슷한 실력이라도 관계력이 좋은 아이들이 또래 대비 빠른 실력 성장을 보였다.

관계력이 뛰어난 아이들의 특징

① 코치의 지시를 제대로 이해하고 실행하려고 노력한다. (소통, 배려 능력)
② 분위기를 살피는 눈치가 빠르다. (관찰력)
③ 팀 차원의 전략을 빠르게 습득하고 실행하려고 노력한다. (협업 능력)
④ 실수해도 금방 회복하고 다시 집중한다. (정서적 지지 시스템)
⑤ 다툼이 적고, 있더라도 감정적으로 크게 흔들리지 않는다. (갈등 관리 능력)

관계력이 부족한 아이들의 특징

① 개인 기술이 뛰어나도, 결국 팀플레이에서 발목을 잡힌다. (협업 능력 부족)
② 작은 갈등에도 크게 위축되어 실력 발휘를 못한다. (갈등 관리 능력 부족)
③ 어려운 상황이 닥치면 쉽게 흥분하고 눈물을 보이는 등 감정적으로 크게 흔들린다. (자기조절력 부족)

③ 코치나 동료들과의 잦은 소통 문제로 지속적 발전이 어렵다. (소통, 배려 능력 부족)

이처럼 관계력은 아이의 생활 전반에서 퍼포먼스에 영향을 끼친다. 결국 운동이든 공부든 아이의 소중한 골든타임에 관계력이 많은 것을 좌우한다는 점을 명심해야 한다.

과학이 증명한 훈련법

이 챕터는 사실 이 부분이 핵심이다. 효과가 검증된 프로그램들만 엄선해서 실었으니, 적용할 수 있는 부분은 적극적으로 적용하기 바란다.

① 갈등 상황 시뮬레이션과 해결 연습

놀랍게도 핀란드, 네덜란드 등 선진 교육 국가에서는 초등학교 정규 수업에 '갈등 해결'(conflict resolution) 과목이 편성되어 있다. 이 과목 시간에 아이들은 자신들이 실제로 겪을 수 있는 상황들을 역할극으로 연습한다. 이들의 수업을 모방하면 도움이 될 것이다. 예를 들자면 이런 상황들이다. '친구가 내 물건을 허락 없이 썼을 때', '팀 프로젝트에서 의견이 충돌할 때', '시합에서 규칙을 어기는 친구가 있을 때'…. 한국에는 이런 과목이 없으므로 부모가 상황을 만들어 교육해야 한다.

이때 부모는 '심판자'가 아니라 '코치'의 역할을 맡아야 한다. 상황을 제시하고, 아이가 먼저 어떻게 반응할지 말해 보게 한 뒤, 부족한 부분은 함께 보완하며 대안을 찾아가는 식으로 말이다. 예를 들어 "친구가 내 물건을 허락 없이 썼을 때, 화내지 않고 내 의사를 전하려면 어떻게 말할 수 있을까?" 하는 식의 질문을 던지고, 아이가 대답하면 다시 역할극으로 연습시켜 보는 것이다. 이렇게 반복하다 보면 실제 상황에서도 자연스럽게 적용할 수 있는 능력을 갖게 된다.

② 감정 언어화 훈련

감정을 정확한 언어로 표현하는 능력이야말로 관계력의 출발점이다. 예를 들어 아이가 화가 났을 때, 단순히 "화 나!"가 아니라, "내가 무시당한 것 같아서 서운해", "내 의견이 받아들여지지 않아서 답답해", "친구가 약속을 지키지 않아서 실망스러워"와 같이 현재 자신의 감정을 뚜렷하게 설명할 수 있게끔 훈련시켜 보자.

③ 적극적 경청 훈련

진짜 경청은 단순히 말을 듣는 게 아니다. 상대방의 감정과 의도까지 파악하는 고차원적 소통 기술이다. 이를 심리학에서는 적극적 경청(active listening)이라 한다. 적극적 경청을 쉽게 해볼 수 있는 연습 방법은 아래와 같다. (부모가 먼저 해보고, 아이도 해보게끔 하자.)

- 상대방 말 참고 끝까지 들어보기
- "네가 말하고 싶은 건 ~라는 뜻이구나"라고 말하며 감정 확인하기
- 상대의 감정까지 읽어주기(예: 많이 속상했겠다, 엄청 기뻤겠다 등)

이처럼 단순 경청을 넘어 '상대방의 감정을 이해하는 훈련'을 곁들이면 관계력 향상에 큰 도움이 된다.

④ 협업 프로젝트를 통한 실전 연습

관계력은 이론보다 실제 경험 속에서 더 빠르게 자란다. 따라서 작은 그룹 프로젝트 상황을 만들어주

고, 아이들이 직접 협업과 갈등 해결을 경험하도록 하는 것 또한 상당히 효과적이다. 다음과 같은 예시들이 있다.

- 3~5명이 함께하는 요리 프로젝트
- 팀별 레고 건축 대회
- 공동으로 텃밭 가꾸기

텃밭은 내 경험에서 나온 예시다. 실제로 내가 방과 후 수업을 하던 초등학교에서는, 공동 텃밭 프로그램을 운영하며 아이들의 협력과 책임감을 길러주고 있었다. 담당 선생님과 이야기를 나눈 적이 있는데, 그 취지가 훌륭해서 기억에 남았다.

결국 중요한 것은 활동 자체가 아니라 그 과정에서 아이들이 서로 소통하고, 역할을 나누며, 갈등을 해결하는 경험을 하는 것이다. 여기서 부모는 관찰자로만 머무르지 말고, 필요할 때 갈등을 정리해 주고 대화법을 안내하는 코치 역할을 해야 한다.

관계력이야말로 진짜 미래 경쟁력이다

공부 잘 시키고 운동 잘 시키는 것, 남자아이 인생에서 분명 중요한 부분이다. 하지만 사실 이 모든 것을 하나로 엮어 시너지를 만들어 내는 숨은 엔진이 바로 관계력이라는 점을 기억해야 한다. 다른 능력이 부족하더라도, 관계력이 뛰어나다면 어떤 분야에서든 성과를 낼 가능성이 크다. 미래는 관계력이 뛰어난 사람들의 시대가 될 확률이 높다. 관계력이야말로 모든 역량을 배가시키는 힘이다.

AI가 모든 것을 대체하는 시대, 인간만의 마지막 영역이 바로 관계력이다. 10년 후 세상이 인간의 어떤 능력을 중시하게 될지는 아무도 모른다. 그러나 관계력이 빠지는 일은 없을 것이다. AI의 파도가 밀려오는 세상에서 관계력은 선택이 아닌 필수다. 지금 투자하지 않으면 아이의 단순 경쟁력은 AI에게 잡아먹힐 가능성이 크다. 오늘부터 아이와 함께 작은 갈등 상황을 연습해 보자. 감정을 언어로 표현하게 하고, 상대방 입장에서 생각해 보게 하자. 미래 세상에서 아이의 진짜 경쟁력은 혼자 잘하는 데서 나오는 게 아니라, 함께 더 잘할 수 있게 하는 데서 나온다는 사실을 기억하자.

3-3 경쟁력 설계 세 번째

: 돈 공부, 선택이 아닌 필수

"아직 어린 아이에게 돈 공부를 시키는 것은 바람직한가?"

돈 공부는 절약, 부동산, 주식, 기타 투자 등 돈에 관한 모든 것들을 포함한다. 이 질문이 누군가에겐 불편할 수도 있다. 이런 생각이 들 법도 하다. '학교에서 가르치는 교과목도 아니잖아… 무엇보다 어린아이에게 노골적으로 돈 공부를 시키라니 불쾌하네.'

하지만 냉정하게 생각해 보자. 당신이 뼈 빠지게 일한 돈으로 아이 영어 학원을 보내는 이유, 수학 학원을 보내는 이유, 과외까지 시키는 이유는 무엇인가? 자식이 미래에 남부럽지 않게, 풍요롭게 살길 바라는 마음에서 보내는 것 아닌가? (그게 아니라면 이 챕터는 넘어가도 좋다.) 그런데 왜 정작 그 풍요로운 삶의 핵심인 '돈 공부'를 시키는 것에는 거부감을 갖는가?

이런 생각을 하는 사람도 있을 것이다. '일단 (학교) 공부를 잘해야 돈도 많이 버는 거지.' 이는 지난 수십 년간 한국을 지배해 온 상식과 일치한다. '일단 (학교) 공부를 잘해야 한다. 잘해서 좋은 대학에 가야 좋은 직장을 얻고, 그래야 돈을 잘 벌 수 있다.' 한국 사회는 이 명제에 너무나 익숙해져서, 너무나 오랜 기간 이것을 진리인 양 받아들여 왔다. 이 통념에 과연 내 아들의 인생을 믿고 맡겨도 되는가?

한국 사회에는 자식 교육에만큼은 지원을 아끼지 말아야 한다는 무언의 압박감이 존재한다. 대부분의 부모들은 그 분위기에 잠식당한 채로 엄청난 시간과 돈을 사교육에 쏟아붓는다. 그러나 정작 **돈 교육**에 시간과 돈을 투자하는 부모는 찾기 어렵다. 많은 부모들이 중요한 사실 하나를 놓치고 있는데, '내 아이가 살아갈 세상의 본질은 무엇인가' 하는 점이다. 그 본질은 바로 '자본주의'다. 그리고 자본주의 사회에서 가장 중요한 언어는 다름 아닌 '돈' 이다. 물론 당신이 어린 자식에게 "돈 따위는 중요하지 않아", "부동산으로 돈 번 놈들은 나쁜 놈들이야" 같은 당신만의 생각을 주입할 수도 있다. 정답은 없지만, 한 가지는 확실히 알아두어야 한다. 그것은 바로, 당신의 신념이 낳은 부작용은 정작 아이가 감당해야 한다는 사실이다.

한국 사회가 가진 문제 중 하나가 '돈 공부'에 대한 거부감이다. 나는 여러 책을 통해 세계적 기업가들이 자녀의 금융 교육에 많은 힘을 쏟는다는 사실을 확인했다. 하지만 금융 교육은 한국 공교육에서 전혀 다루지 않는 영역이었기에 이질감이 매우 컸다. 아마 기업가들은 본질 파악에 탁월했기에 자식의 금융 교육에 과감히 투자할 수 있었던 것으로 보인다. 이쯤에서 한번 생각해 보자. 아이가 영어 실력을 늘리길 원한다면 영어 공부를 시켜야 할 것이다. 수학 실력을 늘리길 원한다면 수학 공부를 시켜야 할 것이다. 같은 논리로 자본주의 사회에서 당신의 아들이 부를 축적하고, 풍요로운 삶을 살길 원한다면 어떤 공부를 시켜야 맞겠는가? 영어? 수학? 이것이 본질은 아니다. 진심으로 당신의 아들이 풍요롭게 살길 원한다면, 결코 빠뜨려서는 안 되는 공부가 바로 '돈 공부'다.

"어릴 때부터 돈 이야기하면 아이 속물 근성만 생긴다."

"공부나 인성 교육보다 돈부터 가르치냐."

이것이 돈 공부에 대한 한국 사회의 인식이다. 한국 사회에서는 유난히 돈 얘기가 금기시되는데, 바람직하지 않다고 생각한다. 당신만이라도 더 이상 자식에게 '돈 공부'를 대놓고 시키는 것을 속물적이거나 불필요한 것으로 치부하지 않았으면 한다. 이는 오로지 당신 자식의 인생을 위해서다. 나는 국·영·수만큼이나 돈 공부가 중요하다고 확신한다. 명심하라. '돈 공부'를 어릴 때부터 시켜주는 것이야말로, 자녀를 위해 할 수 있는 가장 현명하고 미래 지향적인 투자다.

현실을 깨우는 5가지 숫자

27조 원

2023년 대한민국 사교육 시장 규모. 이 막대한 자본은 여전히 입시에만 집중된다.

56점

한국 성인의 평균 금융 태도 점수(100점 만점 기준). OECD 평균에도 못 미친다. 경제 전문가들이 "한국인은 금융 문맹이다"라는 말을 유난히 자주하는데, 이 때문으로 보인다.

40.4%

한국의 노인 빈곤율. 한국 노인 2명 중 거의 1명은 빈곤하다는 뜻이다. OECD 국가 중 가장 높은 수치다. 이런 문제의 주요 원인 중 하나로 돈 공부의 부재, 맹목적 사교육비 지출이 꼽힌다. 자식에게 막대한 사교육비를 지출했다면 그 성과로 일정 부분은 회수가 돼야 한다. 그러나 확률상 뽑아내기 어려운 구조다. 많은 부모들이 자식 사교육에 돈이란 돈은 다 쏟아붓고, 성과는 안 나오고, 이로 인해 결국 가난한 노후로 들어서는 안타까운 양상이 반복되고 있다.

20%

일부 통계에 따르면, 미국 전체 자산 중 유대인이 보유한 비율이 약 20%라고 한다. 그런데 정작 이들의 인구 비율은 미국 인구의 2%에 불과하다. (그래서 이들을 주목해야 한다.)

2배

조기 금융 교육을 받은 아이들의 성인기 평균 자산이 그렇지 않은 아이들보다 2배 이상 많다는 연구 결과가 있다.[13]

이 숫자들은 한국의 교육 투자 방향이 얼마나 비효율적인지를 보여준다. 자식의 미래를 위해 사교육으로 들어간 27조 원이 오히려 질긴 밧줄이 되어 부모의 목을 조르는 것이다. 그리고 이 밧줄이, '복리나 세금조차 이해하지 못하는 성인', '빈곤한 노후', '금융에 대한 무지가 다시 자녀에게 전가되는 가난'의 고리를 만들어 낸다. 교육의 본질과 방향을 냉정히 의심하려 들지 않는다면, 거대한 교육비 지출에도 불구하고 자녀와 부모 모두가 경제적으로 어려워지는 현실이 당신의 가정에도 닥칠 수 있다.

---
13 「Journal of Economic Literature」, NBER, 2014.

유대인

난 종교가 없지만 유대인에겐 관심이 많다. 세계적 부자들 중 이들의 비율이 유난히 높기 때문이다. 아까 말했듯 미국 내 유대인의 비율은 단 2%밖에 안 된다. 그런데 일부 보도에 따르면 이 2%가 미국 전체 자산의 20%를 소유한 것으로 알려져 있다. 이들에게 뭔가 있다는 뜻이다.

유대인은 교육열이 높은 민족으로, 한국과 자주 비교되곤 한다. 그러나 조금만 들여다보면 정작 교육의 방향은 전혀 다르다. 한국의 교육열은 곧 대학에 보내기 위한 입시 교육열만을 의미한다. 반면 유대인의 교육열은 금융을 향해 있다. 어린 시절부터 자녀의 돈 공부에 집중한다는 것이다. 그들은 일찍부터 '돈의 언어'를 가르친다. 유대인 아이는 13세 때 성인식(바르미츠바)을 마친 후 받은 돈으로 주식, 채권, 펀드에 투자한다. 여기서 부모는 크게 개입하지 않고 아이 스스로 결정하고 책임질 수 있도록 돕는다. 초등학교를 갓 졸업한 아이를 자본주의 사회의 실전 링 안에 던져버리는 셈이다. 이처럼 어린 시절 '금융 조기 교육'을 받은 아이들은 경제적 자립 가능성이 높아질 수밖에 없다.

유대인들의 문화를 여러 번 보고 들으며 이들의 경쟁력은 다름 아닌 돈 공부에 있다는 것을 깨달았다. 금융 교육이야말로, 아이들이 살아갈 삶 전체를 관통하는 경제 감각을 길러주는 최고급 훈련임에 틀림없다.

이제는 선진국들 중에서도 이와 비슷한 움직임을 가져가는 나라들이 많다. 일례로 핀란드와 캐나다, 호주 같은 나라들은 초등 5학년부터 정규 교과에서 투자 시뮬레이션, 세금, 연금 등을 가르친다. OECD는 이미 2005년에 'OECD 금융교육 원칙 및 우수 사례'(Improving Financial Literacy: Analysis of Issues and Policies)에서 "10대 이전 금융 교육이 평생 자산 형성에 결정적"이라 밝힌 바 있다. 그럼에도 한국 교육 시스템은 아직도 이런 교육에 전혀 관심이 없다.

메시지는 단순하다. 아이가 영어를 배우려면 영어 공부를 해야 하고, 수학을 잘하려면 수학 공부를 해야 한다. 마찬가지로 자본주의 세상에서 잘 살아가는 법을 배우려면 돈 공부를 빠뜨려선 안 된다. 어렵게 생각할 필요 없다. 용돈을 스스로 관리하게 하고, 작은 선택에도 책임을 지게 하는 것부터가 훌륭한 돈 공부의 출발이다. 중요한 건 일찍 시작하는 것, 그리고 꾸준히 경험하게 하는 것이다.

돈 공부, 어떻게 시작할까?

전문가들은 "아이의 발달 단계에 맞춰 돈을 가르치는 방법이 조금씩 달라야 한다"라고 입을 모은다.

① 초등 저학년

기회가 있을 때마다 편의점에서 물건값을 직접 계산하게 하고, 잔돈을 분류하게 해보자. 놀이처럼 돈의 단위와 교환 개념을 익힐 수 있다. 부루마블 같은 모노폴리류 보드게임을 즐기는 것 또한 굉장히 훌륭한 교육법이다.

② 초등 고학년

용돈 기록장을 쓰게 하거나 30~50주 적금 챌린지를 해보는 것도 좋다. 전자는 수입과 지출을 구분하는 습관을, 후자는 작은 목표를 세우고 지켜내는 경험을 준다. 이런 과정을 거치면 어린 나이에도 간단한 예산을 세워보는 감각이 생긴다.

③ 중학생

모의 금융 투자 시뮬레이션 앱을 활용해 보자. 실제 시장이 어떻게 작동하는지 체험하고, 추가로 복리 계산이나 위험도를 따져보는 워크시트로 금융 감각을 기르게 하자.

④ 고등학생

이제는 작은 금액으로 ETF에 투자해 보는 단계다. 이는 저축을 넘어 '자산'을 경험하는 단계라 볼 수 있다. 단, 목적은 수익이 아니라 금융 시장의 구조와 원리를 배우기 위한 실습에 있다. 부모와 함께 논의하며 뉴스 속 경제 이슈를 토론하고, 세금 시뮬레이션 문제를 풀어보는 것 또한 훌륭한 공부가 될 것이다.

지금 행동하라

돈 공부의 핵심 또한 반복에 있다. 하루 10분이라도 돈과 관련한 기록을 남기고 스스로 판단하며 실수도 겪게 하라. 그 시간들이 쌓이면 아이는 성인이 되어도 '돈 앞에서 당황하지 않는 사람'으로 성장할 것이다.

 자녀를 공부시켜 좋은 대학에 보내는 노력, 물론 여전히 중요하다. 그러나 이제는 그 이상의 설계가 필요하다. 아이 인생에서 돈은 단순한 부가 요소가 아니라 생존의 기본 도구이기 때문이다. 자본주의 사회를 살아가는 데 금융 문해력은 선택이 아닌 필수다. 수험의 성패는 언제든 아이를 배신할 수 있다. 그러나 당신이 한 번 심어둔 경제 감각은 복리처럼 불어나, 아들의 삶을 끝까지 지탱해 줄 자산이 될 것이다.

 당신의 아이가 진정 성공적인 삶을 살길 바란다면 오늘부터 용돈 기입장이나 모노폴리 게임 등 금융 공부를 함께 시작하라. 그 작은 루틴이 아이의 인생 통장에 매일 이자를 더해 줄 것이다. 기억하라. 어쩌면 금융 공부가 입시 공부보다 더 중요한 과목일지도 모른다. 자녀의 풍요로운 삶을 위해 과감히 대중과 다른 방향의 길을 터주어라.

3-4
경쟁력 설계 네 번째
: 왜 꼭 축구여야 하는가?

평범한 한국의 부모들은 아들이 배울 운동을 고를 때, 깊은 고민을 하지는 않는 듯하다. 이른바 '학원 뺑뺑이용'으로 대충 시간만 맞는다면 아무 운동이나 시켜도 상관없다는 부모들도 많다. 나는 학부모님들과의 대화에서 이런 생각이 느껴질 때마다 놀라곤 한다.

10여 년간 아이들을 지도하면서 내가 확실히 느낀 것이 있다. 같은 시간, 같은 비용을 투자했는데도 운동 종목에 따라 아이의 친구 관계와 학교생활이 완전히 달라진다는 사실이다. 운동 하나를 가르칠 때도 종목 선택은 신중해야 한다.

신체 강화, 정신 단련, 인성 교육…. 이런 공허한 이유들로 특정 운동 학원에 보낼 생각이라면, 다시 생각해 볼 필요가 있다. 앞서 말한 요소들은 사실 어떤 종목에든 적용되는 상투적인 말이기 때문이다. (신체 강화, 정신 단련, 예의 등은 모든 스포츠 종목의 기본 요소다.) 그래서 나는 종목을 선택할 때, 보다 실체가 있는 효과를 따져보고 선택하는 것이 중요하다고 생각한다.

'운동은 뭘 하든 잘 뛰어놀고 오면 좋다'라고 편하게 생각해 버리는 부모들도 많다. 이는 '어떤 종목이든 운동은 그 자체로 아이에게 유익하다'라는 관점에서 본다면 맞는 말이다. 그러나 우리는 그 이상을 고민해야 한다. 아이의 한정된 시간을 생각할 때 더 큰 효율을 내는 운동을 선택하는 것이 훨씬 현명한 투자이기 때문이다. 예를 들어 운동 A가 내는 효율의 합이 50이고 운동 B가 내는 효율의 합이 90이라면, B를 선택하는 것이 현명하다. 같은 운동이라도, 종목마다 낼 수 있는 효율의 크기는 분명 다르다. 특히 남자아이의 경우 고학년으로 갈수록 서열 싸움이 치열해지기 때문에 이 부분까지 고려해야 한다. 나는 이런 이유들로, 특히 남자아이에게는 어릴 적 운동 종목 선택이 단순 취미가 아니라 평생 사회적 경쟁력을 결정짓는 중요한 지점이라고 본다. 그렇다면 최고의 효율을 내는 종목은 대체 무엇인가? 내가 자신하는 종목은 단연 축구다. 내 경험상, 축구만큼 확실한 투자는 없었다.

숫자로 드러나는 현실

2019년에 국민체육진흥공단에서 발표한 「2019 국민 생활 체육 조사」를 보자. 나는 당시 이 통계를 보자마자 주목했다. 이전까지는 표본의 '연령과 성별까지 구분되어 있는' 데이터를 찾기가 어려웠기 때문이다. 나는 당시 오로지 '10대 남성' 사이에 인기 있는 스포츠 1위를 데이터로 확인하고 싶었는데, 마침 국가 차원의 통계 자료가 등장했던 것이다. (물론 1위가 축구라는 걸 피부로 느끼고는 있었지만) 예상대로 10대 남성이 선호하는 스포츠 1위는 축구였다. 그런데 그 수치가 놀라웠다. 축구 하나가 차지하는 비율이 무려 49.6%에 달했다! 약 절반을 축구 하나가 독차지하고, 남은 절반을 나머지 종목들이 나눠 갖고 있었던 것이다.

집단 규범

잠시 집단 규범에 대해 이야기를 해보자. 집단 규범은 집단 내의 다수가 따르는 규범을 의미한다. 모든 집단은 자신만의 규범과 서열 기준을 갖는다. 이 규범은 어떻게 만들어지는가? 어떤 집단의 다수가 중요하게 느끼는 가치에 따라 결정된다. 예를 들어 수영 동아리는 수영에 관심 있는 아이들끼리 모여 있으니 수영을 잘하는 아이가, 춤 동아리에서는 단연 춤을 잘 추는 아이가 집단 내에서 호감과 동경을 얻고 그 집단의 중심이 된다. 고작 수영 하나 잘하는 것뿐인데, 어떤 아이는 후광 효과를 누리며 능력보다 많은 힘을 가지게 된다. 적어도 그 집단 안에서는 말이다. 앞선 예시에서는 수영과 춤이 각각 집단에서 최고의 기준이 된 것이다.

그럼 운동 분야에서 대한민국 10대 남학생 집단 최고의 기준은 무엇인가? 수치가 보여주듯 단연 축구다. 통계가 이를 증명한다. 어떤 집단에 가든 기본적으로 절반 정도가 선호하는 운동인데 더 이상 무슨 말이 필요하겠는가? 이는 축구를 잘하는 아이가 자연스럽게 집단 내에서 리더십을 갖고 영향력을 행사할 확률이 크다는 이야기다. 심지어 학업 성취도가 떨어지는 경우에도 이 가치는 여전히 빛을 발한다. 축구를 잘하면 남학생 친구들 사이에서만큼은 공부 문제가 일정 부분 상쇄되거나 오히려 매력으로 포장되기도 하는 것이 현실이다.

이는 무엇을 의미하는가? 축구가 가진 힘을 의미한다. 앞서 말했듯 집단에서 다수가 좋아하고 동경하는 분야에 뛰어나다는 것은 곧 집단 내 지위와 밀접하게 연결되기 때문이다. 아까 소개한 데이터에 따르면 10대 남성이 있는 어떤 집단을 가든 기본 절반 정도는 당신 아들의 축구 실력을 동경할 준비가 되어 있다는 말이다. 이처럼 같은 시간, 같은 비용을 들였을 때 축구는 그 자체로 아이의 사회적 파급력을 극대화할 수 있는 도구가 된다. 한국에서 이 집단 규범 효과가 축구보다 더 큰 종목은 없다. 이것이 축구만이 갖는 힘이다. 극단적 예를 들어 당신의 아들이 6년간 활쏘기를 배웠다고 가정해 보자. 배운 시간만 6년이니 활 하나는 기가 막히게 잘 쏠 것이다. 물론 활쏘기로 아이가 얻게 되는 이점도 분명 있을 것이다. 그러나 그 활쏘기 실력으로 또래 남성들의 동경과 호감을 얻어내는 건 불가능에 가깝다. 애초에 친구들 앞에서 활쏘기를 보여줄 기회가 없다시피 하고, 보통의 남자아이들은 활쏘기에

아동기 : 8~12세

관심이 없기 때문이다. (앞 문장에 활쏘기 대신 지금 아들이 하고 있는 운동을 넣어 점검해 보라.)

또래 집단에서 다수에게 인정받는 경험은 아이에게 힘을 실어주고 소속감을 강화시키는 등 무수히 많은 이점이 있다. 더 나아가 또래에 비해 (신체든 성격이든) 상대적으로 약한 남자아이에게는, 학교 폭력의 표적이 되는 것을 예방하는 수단이 되어주기도 한다.

학교폭력과 축구의 관계

내가 직접 경험했던 일을 하나 전하려 한다. 오래전, 5학년 A 어머님께 떨리는 목소리로 전화가 걸려왔던 적이 있다. 아들이 친구 관계 문제로 힘들어한다는 내용이었다. 친구들이 A를 의도적으로 따돌리고, 자기들끼리만 어울려 논다는 것이다. 어머님의 울먹이는 목소리에서 그동안의 마음고생을 느낄 수 있었다.

이야기를 들어보니 이건 단순히 A 혼자만의 문제가 아니었다. 어머님은 최근 들어 아이들 사이에 은밀하게 따돌림이 돌았다고 말씀하셨다. 사실상 모든 아이들이 돌아가며 따돌림을 겪었고 자신의 아들은 그동안 피해보려 애썼지만 결국 아들의 차례가 와버렸다는 것이다.

그런데 통화 도중, 어머님이 놀라운 말씀을 하셨다. 모든 아이들이 한 번씩 따돌림을 당했는데 단 한 명 따돌림을 당하지 않은 친구가 있다는 것이다. 나는 직감적으로 생각했다. 'B구나.' 예상대로 어머님 입에서는 B의 이름이 흘러나왔다.

이쯤에서 잠깐 이 집단을 살펴보자. A와 B가 속했던 무리는 6학년과 5학년이 두루 섞여 있고, 대부분 축구를 좋아하는 아이들로 구성된 집단이었다. 여기서 흥미로운 사실은, B가 당시 5학년이었다는 것이다. 쟁쟁한 형들도 못 피한 왕따의 화살을 나이도 한 살 어린 B가 유유히 피해갔던 것이다.

그렇다면 한 살 형들까지 휘둘렀던 B는 대체 어떤 아이인가? B는 상대적으로 작은 키에 외모는 평범한 편이었고 (물리적) 싸움과도 거리가 멀었다. 그런데 어떻게 B 혼자 그런 특권을 누릴 수 있었단 말인가? 답은 하나였다. B가 그 집단에서 축구를 가장 잘하는 아이였기 때문이다. 그것도 엄청나게 말이다.

B는 작은 신장에도 불구하고 드리블, 패스, 상황

판단 등 축구와 관련된 모든 능력이 매우 뛰어난 아이였다. 코치가 관여하지 않으면 승패가 B쪽으로 쉽게 기울어지는 경기가 많았다. 평소 시합 때는 모두가 B를 먼저 뽑길 원했고, 한 살 형들도 운동장에서 그에게 많이 의지하는 편이었다. 한번은 B가 형들과 함께 6학년 대회에 나간 적이 있었는데, 팀을 손쉽게 우승시키며 MVP를 받을 정도였다. 그 결과에 형들 누구도 이의를 제기하지 않았다. 이 정도면 대충 실력을 짐작할 만할 것이다. 나는 이런 B가 '축구 집단 내에서' 왕따를 당하는 그림을 도저히 상상할 수 없었다. 그래서 어머님의 말을 듣자마자 그 한 명이 B라 확신했던 것이다.

이 일 이후 문제 해결을 위해 B에게는 끊임없이 리더십을 강조했다. 계속해서 주변 친구들을 잘 돌보고 챙겨야 훌륭한 선수가 될 수 있다는 메시지를 반복해서 전달했다. 동시에 A에게는 개인 레슨을 통해 운동 능력을 채워주었다. 당시에는 기본기보다 민첩성, 순발력, 근력 등 전반적 운동 능력 향상에 집중했던 기억이 난다. 다행히 얼마 후 어머님으로부터 "친구들과 다시 잘 어울리게 됐다"는 연락을 받고 안도할 수 있었다. 다수가 따르는 집단 규범, 축구의 힘을 실감했던 경험 중 하나다.

아직도 아들의 축구를 그저 '귀여운 공놀이' 정도로 편하게 생각하는 부모들을 많이 본다. 그런 생각과는 달리, 아이들 사이에서는 일정 학년이 되면 축구를 매개로 치열한 서열 싸움이 시작된다. 마치 약속이나 한 듯 말이다. (나는 10년 간 이 패턴을 무수히 많이 봐왔다.) 이때 주 2~3회 축구를 배우며 미리 준비를 끝내놓은 아이들은 서열에서 손쉽게 우위를 가져간다. 이런 준비가 안 된 아이들은 영문도 모른 채 서열에서 뒤처지게 된다. 이것이 내가 축구를 권장하는 가장 큰 이유 중 하나다. 당신 아들이 어떤 집단에 가든지 그 집단의 절반은 축구를 좋아한다는 사실을 잊지 마라.

아이가 한 살이라도 어릴 때 빨리, 축구라는 집단 규범의 파도 위에 세워주어야 한다. 시간이 흐를수록 이 파도는 점점 더 높아지면서 아이에게 엄청난 이점을 제공한다. 반대로, 이런 설계 없이 학년이 높아진 뒤 아이의 학교생활에 문제가 생기면 문제 해결이 매우 어렵다. 남자아이라면 운동 분야에서 자신의 무기가 반드시 있어야 한다.

예전에 아들의 학교폭력 문제로 고액 심부름 센터를 고용한 부모님의 사례를 TV에서 본 적이 있다. 암세포처럼 퍼진 문제의 심각성을 어느 날 갑 자기 알게되어 부모가 직접 뛰어든 것이다. 나는 당시 안타깝지만 늦었다고 생각했다. 그 전략이 일시적으로 효과가 있을지는 모르나, 문제의 본질을 해결해 줄 수는 없기 때문이다. 해당 부모님의 인터뷰를 보며 '어린 시절 운동 관련 설계를 미리 해뒀다면 피해를 막을 수 있었을 텐데'라고 생각했다.

축구가 성적을 올린다

하버드 의과대학 교수 출신인 존 레이티(John J. Ratey)는, 그의 책 『운동화 신은 뇌』 '체육 수업의 놀라운 효과'에서 기존 상식을 뒤집는 주장을 한다. 운동이 단순히 몸을 튼튼하게 해주는 것뿐만 아니라, 실제로 아이들의 성적까지 끌어올린다는 것이다. '운동과 공부는 별개', '시험 기간에 운동은 사치'라는 인식에 빠져 있는 한국 학부모들에겐 여러 가지로 생소한 주장이 아닐 수 없다. 하지만 누적된 연구 결과 및 사례들은 이 편견을 완전히 깨뜨리기에 충분하다. 아들의 성적을 올리고 싶다면, 반드시 운동을 병행시켜야 한다. 물론 나는 여기서도 축구가 최고의 선택지라 생각한다.

책에 등장하는 사례 하나를 보자. 미국 일리노이 주 네이퍼빌에서, 흥미로운 실험이 있었다. 희망 학생들을 대상으로 1교시 수업 전에 체육 시간을 마련했던 것이다. 주요 활동은 **달리기**였다. 운동을 하고 나면 오히려 피곤해서 수업에 집중 못할 거라 걱정했던 부모님들도 많았다. 그러나 결과는 사람들의 상식을 완전히 뒤집었다. 체육 없이 바로 수업에 들어간 학생들은 성적이 약 11% 올랐지만, 0교시 체육 활동 후 수업을 들었던 학생들의 성적은 무려 17%나 올랐기 때문이다. 국내 입시판에서 6% 차이는 대학 급간이 바뀌는 것을 의미한다. 여기서 또 하나 흥미로운 점은, 운동과 공부 사이의 시간 차도 성적에 영향을 줬다는 사실이다. 운동 직후 바로 공부한 학생들이, 운동 후 시간이 지난 뒤 공부한 학생들보다 훨씬 더 높은 학습 효과를 보였다. 즉, 운동 직후의 뇌가 가장 학습에 최적화된 상태였던 셈이다. 이 결과 덕분에 네이퍼빌에서는 '수업 준비 체육'이 정규 교과에 포함되었다.

네이퍼빌 학생들은 이후 전 세계 38개국 23만 명이 참가한 국제학력평가(TIMSS)에 참가했는데, 또 한번 충격적인 결과를 보여주었다. 네이퍼빌을 제외한 미국 전체 평균이 과학 18위, 수학 19위였던

반면, 네이퍼빌 학생들은 과학 1위, 수학 6위를 차지했던 것이다. 다른 지역 수업과 네이퍼빌의 차이는 단 하나, 0교시 체육 수업뿐이었다. 이 실험은 운동이 공부에 미치는 영향이 얼마나 큰지 명확히 보여줬다.

지금쯤이면 이런 의문이 들 수 있다. '그런데 왜 굳이 축구가 최고의 선택지라고 생각하지? 그냥 달리기 시키면 되지 않나?' 축구를 강조하는 이유는 3가지다.

① 재미

중요한 건 꾸준함이다. 어린 나이의 신체 활동은 재미가 없으면 지속하기 힘들다. 재미로 운동장을 매일 도는 아이를 본 적 있는가? 아동기 아이들에게 '달리기'는 지속 가능성이 없다. 축구의 재미는 앞서 언급한 통계가 증명한다.

② 유산소

공부에 효과를 주기 위한 목적이라면 달리기 같은 유산소 운동을 해야 한다. 축구는 대표적 유산소 운동이다.

③ 복잡함

전문가들은 보통 두뇌 발달을 위해 간단한 운동보다는 복잡한 운동을 추천한다. 축구는 매 순간 공의 움직임, 내 위치, 우리 팀원, 상대 팀원 등을 체크하고 빠른 판단을 내려야 하는 고도의 복합 운동이다. 단순 달리기에 비해 학습 전이 효과가 크다.

이처럼 축구는 아이의 학업 성적 측면에서 보더라도 굉장한 경쟁력을 가진 수단임을 알 수 있다.

종목 선택이 인생을 가른다

축구는 단순한 체력 소모 운동이 아니다. 전략, 협동, 빠른 상황 판단, 리더십, 감정 조절 등 복합적 역량을 동시에 끌어올릴 수 있는 스포츠다. 이런 종합 기능은 학교생활뿐 아니라 인생 전반에 걸쳐 강력한 경쟁력이 된다. 연구도 이를 뒷받침한다. 옥스퍼드 대학 연구에 따르면 어린 시절 축구 같은 팀 스포츠에 참여했던 아이는 갈등 조절 능력, 타협력, 협업 역량 등에서 평균보다 늘 높은 수치를 기록했다고 한다.

중요한 것은 시기다. 축구는 발달 속도가 느린 종목이다. 드리블, 패스, 볼 터치 등 기본기를 어릴 때부터 익히지 않으면 나중에 따라가기가 쉽지 않다. 고학년이 되면 실력 격차는 눈에 띄게 벌어지고 자신감마저 떨어지게 된다. 학교폭력이나 왕따 문제가 발생한 후에 축구를 시작해도 이미 아이는 자신감을 잃은 후라 문제를 완전히 해결하긴 어렵다. 예방이 치료보다 훨씬 효과적이며 경제적이라는 사실을 잊지 않았으면 한다.

'운동은 뭐든지 시키면 다 좋다'는 생각은 착각이다. 다양한 운동을 체험시키는 것도 좋지만 에너지를 분산시키는 것보다는 하나의 종목에서 숙련도를 쌓는 것이 더 큰 성과를 가져온다. 특히 초등학교에 입학한 후부터는 시간이 없어지기 때문에 더더욱 선택과 집중이 요구된다. 축구는 체력, 협응력, 지구력, 민첩성, 순발력까지 거의 모든 체육 역량을 종합적으로 향상시킬 수 있는 종목이다. 거기에 사회성, 리더십, 관계 맺기까지 덤으로 따라온다.

예외도 분명 존재한다. 아이가 축구를 극도로 싫어하거나 신체적 제약이 있는 경우라면 다른 종목을 고려해야 할 것이다. 그러나 이런 특수한 경우를 제외하고 아들에게 시킴으로서 큰 이득을 보장해 줄 종목은 명확하다. 축구에 시간을 쓰는 것이 가장 효율적인 투자다.

당신의 아들이 초등 저학년이거나 아직 운동 종목을 정하지 않았다면 축구부터 체험하게 하라. 아이의 반응이 긍정적이라면, 더 깊이 있게 배울 수 있도록 지원하라. 최소한 주 2~3회를 추천한다. 그 투자는 분명 배가 되어 돌아올 것이다.

기억하라. 골든타임에 만난 축구는 단순한 스포츠 그 이상의 가치를 제공한다. 축구야말로 아이의 삶을 이끄는 강력한 나침반이자, 험난한 세상 속 든든한 관계의 무기가 되어 줄 것이다. 지금, 그 위대한 투자를 시작하라.

3-5
경쟁력 설계 다섯 번째
: 하버드가 글쓰기에 목숨 거는 이유

나는 이 책에서 줄곧 "한국 교육은 입시 위주 교육만을 지향하기 때문에 차별화를 둬야 한다"라는 이야기를 여러 번 해왔다.

많은 돈과 시간을 투자해서 대부분이 원하는 대학에 진학하는 구조라면 합리적 투자일지도 모른다. 그러나 통계를 보면 회의감이 커진다. 흔히들 말하는 SKY+특수 대학(카이스트, 포항공대, 유니스트, 지스트)들을 모두 합치더라도 한 해 해당 대학 입학생 수는 전체 수험생 중 3%를 넘지 않는다. 넉넉잡아 약 90%는 평범한(낮은) 대학에 진학해야 한다. 정점에 올라서지 않는 이상 남들과 똑같은 공부만으론 특별한 경쟁력을 갖기 어렵다. 그래서 나는 당신이 커리큘럼에 '이 과목'을 자체적으로 하나 더 추가했으면 한다. 이는 굳이 따지자면 낮은 명문대 진학률에 대비한 안전장치와도 같다.

앞서 말했던 돈 공부, 관계력에 이어, 내가 생각하기에 '가르치는 순간 경쟁력이 커지는 분야'는 바로 **글쓰기**다. 아이가 인생 전반에 더 날카로운 경쟁력을 갖도록 만들고 싶다면 글쓰기 공부를 시킬 것을 적극 추천한다.

명문대의 비밀

내가 글쓰기에 관심을 갖게 된 이유는 다름 아닌 미국 명문대 시스템에 있다. 세계적 명문대라 하면 다들 하버드를 꼽는다. 실제로 수많은 하버드 출신들이 세계 곳곳에 퍼져 엄청난 영향력을 끼치고 있다. 물론 애초에 인재들이 들어간 곳이라 아웃풋이 잘 나오는 것일 수도 있다. 그러나 그 점을 고려하더라도, 세계적 부자들 중에 하버드 출신이 유난히 많다는 점을 주목해야 한다. 머리 좋은 학생들이 모인 명문대가 하버드 하나밖에 없는 것은 아니니까 말이다. (2025년 억만장자 기준 104명으로 압도적 1위다. 69명으로 2위인 스탠퍼드 대학 출신보다도 1.5배나

된다.) 수치를 고려하면 분명 하버드만이 집중해서 가르치는 특수한 교육적 유산이 있는 것이다. 난 그 유산이 글쓰기라 생각한다.

여기서 잠깐, 1872년은 어떤 해인가? 하버드가 '서사적 글쓰기(Expository Writing)' 수업을 정식 교과로 도입한 해다. 이 수업은 단순한 작문 강의가 아니라, 생각을 구조화하고 논리를 세우는 훈련이었다.

하버드의 글쓰기 프로그램 교재 『출처를 활용한 글쓰기』(Writing with Sources)에는 이렇게 적혀 있다. "하버드 졸업생 다수는 글쓰기 수업이 학문적·직업적 글쓰기의 기초를 닦는 데 가장 도움이 되었다고 말한다." 그만큼 글쓰기는 하버드 교육의 핵심으로 자리 잡고 있는 것이다.

하버드의 필수 과목 또한 인상적이다. 신입생이라면 누구나 논증적 글쓰기 수업인 'Expos 20'을 반드시 들어야 한다. 150년이 넘도록 이어진 이 전통은, 하버드가 지식보다 '사고의 기술'을 더 중요하게 여겨왔음을 보여준다. 이것이 우연일까?

사실 하버드뿐만이 아니다. MIT는 공대임에도 최근 들어 글쓰기 과정을 매우 중요하게 다루기 시작했다. MIT 공식 자료에 따르면, 과거 졸업생들의 피드백에서 "문제 해결 능력은 충분하지만, 글로 생각을 정확히 정리하는 소통 능력에 더 많은 교육이 필요했다", "사회에 나와 가장 먼저 깨진 순간은 글을 못 썼을 때였다", "실무에서 하루 업무의 절반 이상이 '보고서·문서·이메일' 작성이었다"와 같은 의견이 반복적으로 나왔다고 한다. MIT도 뒤늦게나마 어떤 본질을 깨달은 것이다. 현재 MIT는 학생 전원이 커뮤니케이션(글쓰기/말하기 포함) 과목을 필수로 이수해야 할 정도로 치밀한 글쓰기 교육 체계를 지원하고 있다. 선진국이 무게를 두고 나아가는 방향은 명확하다. 그러나 아직도 한국은 이상하리만치 글쓰기 교육에 관심이 없다.

국내 초등 교육에서는 '방학 일기' 정도를 제외하고는 실질적인 글쓰기 훈련이 거의 없어 보인다. 아마 수능과 직접적 관련이 적기 때문일 것이다. 특히 최근 대학 입시에서 자기소개서가 폐지됐던 적이 있기에 "글은 안 써도 된다"는 교육관이 더욱 강해지는 모양새도 있다. 하지만 아들을 키우는 부모 입장에서 이것이 합리적 판단일까? 나는 이처럼 글쓰기를 가볍게 여기는 교육관이 정작 사회에 나갔을 때 예상치 못한 손해를 불러올 수 있다고 생각한다.

사회에서 나오는 목소리를 들어보자. 대부분의 기업 임원들은 '보고서, 기획안, 피드백' 같은 글쓰기 및 의사소통 능력을 생존 역량 1위로 꼽는다. 한국의 대기업 인사팀 조사에서 "서류 탈락의 가장 큰 원인은 글쓰기 능력 부족"이라는 답변이 나왔던 적도 있다. 2005년 대한상공회의소에서 진행했던 실태 조사를 살펴보자. 이들에 따르면 내부 문서 커뮤니케이션이 원활한 기업, 그러니까 상호간의 글쓰기 소통 능력이 뛰어난 기업의 영업이익률은, 그렇지 않은 기업에 비해 5년간 1%포인트 더 높았다고 한다. (대기업 기준으로 영업 이익률 1% 차이는 최소 수조 원을 의미한다.)

세계적 흐름 또한 비슷하다. 2024년 그래머리 비즈니스(Grammarly Business)에서 전 세계 기업들을 대상으로 조사한 결과에 따르면 내부 커뮤니케이션이 명확한 기업은 고객 만족도가 51% 높았고 성과 거래는 43% 더 많았으며 비용 절감 효과도 33%에 달했다고 한다. 오늘날 기업 내부 소통의 대부분이 이메일, 보고서, 협업 툴 같은 '글쓰기' 형태로 이뤄진다는 점을 감안하면, 글쓰기 능력이 곧 기업 성과와 직결된다는 사실을 보여주는 대목이다.

한편, 내년부터는 흥미로운 변화가 나타날 것

으로 보인다. 2026학년도 대입에서는 논술 전형 100% 대학이 20곳으로 늘어난다는 기사가 있다. 글쓰기의 힘이 다시 입시판에서 부활하고 있다는 의미로도 해석된다. 이처럼 앞으로도 글쓰기는 단지 언어가 아니라 사고력, 논리력, 설득력을 압축해 보여주는 '증명 수단'으로서 당신 아이의 입시에도 큰 도움을 줄 것이다.

글을 잘 쓴다는 것은 단순한 문장력의 문제가 아니다. 글쓰기에는 구조화된 사고, 감정의 절제, 논리적 연결, 독자에 대한 배려, 글쓴이만의 독특한 관점이 융합되어 있다. 그리고 이 능력은 새로운 가치를 무한히 만들어 낼 수 있다. 이런 모든 요소는 아이가 사회에 나가 다양한 관계 속에서 주도권을 잡게 만드는 숨은 근력이 된다. 이것이 내가 어린 시절 글쓰기 교육을 강력하게 추천하는 이유다.

하버드식 사고 훈련을 일상에 심는 법

그렇다면 이 능력을 아이에게 현명하게 심어주기 위해, 어떤 교육을 해야 할까? 다음은 내가 추천하는 글쓰기 훈련 루틴이다.

① 초등 저학년: 하루 3줄 글쓰기

이 시기에는 자잘한 맞춤법보다도 이야기를 끝까지 풀어내는 힘을 기르는 것이 더 중요하다. 부모는 작은 오류를 고치기보다 아이가 글의 핵심을 잡을 수 있도록 피드백해 주는 것이 낫다.

② 초등 고학년: 200자 요약 연습

책, 영상, 수업 내용 등을 200자로 요약하게 하면 핵심을 잡는 힘이 생긴다. 예전에 서울대 의대 출신 의사가 자신은 어릴 때 질릴 정도로 글을 요약하는 연습을 했다는 영상을 본 적이 있다. 아마 그의 부모는 글을 읽고 써보는 훈련이 학업 전반에 끼치는 영향을 누구보다 잘 알고 있었을 것이다. 지나가듯한 말이었지만 그의 입시 성공 비결에는 어릴 적 요약 훈련이 큰 영향을 끼쳤을 것이란 생각이 들었다.

③ 중학생: OREO 구조 4문단 글쓰기

'주장 – 이유 – 예시 – 재강조' 구조를 매주 짧게라도 연습하게 한다. OREO 글쓰기는 실제로 하버드생들이 즐겨 쓰는 글쓰기 구조이다.

④ 고등학생: 블로그나 브런치 정기 발행

실제 독자 피드백을 통해 실력이 급격히 성장한다. 특히 기록으로 남겨둘 수 있어, 후에 스펙으로도 사용할 수 있다.

⑤ 축구를 즐기는 아이: 축구 글쓰기

축구와 글쓰기 능력을 동시에 강화할 수 있는 방법이다. 훈련 일지를 3단 논리에 맞춰 쓰는 것이다. (오늘 배운 기술은 무엇인가? → 왜 중요한가? → 내 플레이에 적용하는 방법). 이는 전술 이해력과 표현력을 동시에 높일 수 있다.

이 훈련들의 핵심은 무엇일까? 반복이다. 글쓰기는 단기간에 성과가 드러나는 훈련이 아니다. 하지만 하루 10분씩만 꾸준히 쌓이면 3년 후엔 주변의 평범한 친구들이 도달할 수 없는 사고의 깊이를 가지게 될 것이다.

글쓰기의 진짜 본질은 설득

SNS를 보면 글쓰기를 시키는 부모들도, 이를 '국어

점수 올리기' 도구쯤으로 생각하는 듯하다. 하지만 그것은 빙산의 일각일 뿐이다. 진짜 글쓰기의 가치는 '설득'이다. 내 아이가 글을 잘 쓴다는 것은 곧, 생각을 구조화해 타인을 압도할 만한 영향력을 갖게 된다는 것과 같다. 실제 사회에서는 보고서 하나, 메신저 한 줄, 제안서 한 장이 곧 사람의 영향력을 결정짓는다.

몇 년 사이에 세상이 크게 변하긴 했다. 챗GPT의 등장 덕분이다. 이 때문에 글쓰기가 아이에게 주는 가치가 줄어들진 않을까? 전혀. 난 앞으로 더 커질 것이라 생각한다. AI를 창의적으로, 유려하게, 섬세하게 사용할 수 있는 능력이 다름 아닌 글쓰기와 밀접하게 연결되기 때문이다. 또 챗GPT가 아무리 좋은 초안을 생성해 준다 하더라도 그것을 요약하고 재배열하며 감정을 담아 설득력 있는 문장으로 만드는 일은 여전히 인간의 몫이다. 즉, 글쓰기는 AI가 대체할 수 없는 인간 고유의 경쟁력이라 할 수 있다.

국·영·수 학원 물론 중요하다. 입시의 축이니 말이다. 그러나 막상 세상의 여러 데이터를 찾아보면 국·영·수를 뛰어넘는 교육의 본질이 분명히 있다는 확신이 든다. 나는 글쓰기 능력이야말로 당신의 아이가 특별한 경쟁력을 가질 수 있는 최고의 설계 전략이 될 것이라 확신한다. '글쓰기'는 아이가 평생 가져갈 브랜드로서 특별한 역할을 해준다. 이 브랜드는 시험 한 번 따위에 무너지지 않고, 아이가 어떤 집단에 가더라도 자기 목소리를 낼 수 있는 힘을 실어준다.

왜 지금 시작해야 하는가

다시 말하지만 글쓰기의 효과는 누적된다. 초등 저학년 전부터 자유롭게 글을 쓰던 아이와, 중학교 입학 후에 처음 글을 쓰기 시작한 아이는 완전히 다른 사고 구조를 가질 수밖에 없다.

또한 이 시기는 언어 습득의 골든타임이다. 하루 10분이라도 자기 생각을 글로 써보는 경험을 계속하면, 그 글이 모여 차곡차곡 아이의 뇌 세포를 확장시켜 준다. 생각을 글로 '구조화'하는 능력은 시간이 지날수록 더욱 큰 격차로 드러난다. 글쓰기 또한 한 살이라도 어릴 때 시작하는 게 좋다는 것이 나의 결론이다. 이유는 명확하다. 사고력, 자기 표현력, 협업력 등은 모두 글쓰기에서 출발한다. 글쓰기 능력을 더 많이 축적해 놓은 아이가 더 많은 결과물을 얻을 것이 분명하다. 그리고 이 능력은 학업 성적뿐 아니라 친구 관계, 교사와의 소통, 미래 진로에까지 깊은 영향을 미친다. 하버드 글쓰기 프로그램 책임자인 낸시 소머스(Nancy Sommers) 교수의 말을 기억했으면 한다. "글쓰기는 단순한 문장 작성이 아니라, 논리적 사고를 키우고 자신을 명확하게 표현하는 능력입니다. 이는 학업 성공은 물론 사회에서 복잡한 문제를 해결하는 데 필수적입니다."

기억하라. 골든타임에 시작한 글쓰기는 단순한 과목 공부 그 이상의 힘을 갖는다. 이 시기 글쓰기는 아이의 머릿속에 '하버드식 사고'를 뿌리내리게 하는 강력한 토대다. 오늘부터 한 문장 한 문장 자신의 생각을 글로 풀어보게 하라. 문장들은 어느새 높게 쌓여, 아이가 어떤 상황에서든 자신의 생각을 특별하게 표현할 수 있도록 지지해 줄 것이다.

위대한 여정을 이어가고 있는 당신에게

당신의 소중한 존재를 위한 전략 브리핑이 이렇게 마무리되었습니다. 수많은 본질로 채워진 이 책을 덮는 당신의 마음속에는 '이제 흔들리지 않겠다'는 단단한 확신이 자리했을 것입니다.

그럼에도 아이를 키우는 여정이 결코 설계도처럼 완벽하게 흘러가진 않을 거라는 걸 압니다. 때로는 아이의 행동에 속상하고, 당신의 노력이 헛된 것처럼 느껴져 좌절하는 순간이 올 것입니다. 그런 당신을 위해, 마지막으로 제 경험담을 전하고자 합니다.

약 10년 전 이야기입니다. 당시 초등학교 4학년으로 누구보다 축구를 좋아하던 김이안(가명)이라는 제자가 있었습니다. 날렵한 얼굴에 마른 체형,

달리기 시합만 하면 늘 1등을 하던 아이였죠. 어느 날, 이안이 어머님의 전화를 받았습니다. "애 때문에 속상해 미치겠어요. 밥은 안 먹고 군것질만 해요. 말도 안 들어요. 공부도 하는 척만 하고 놀러만 다녀요." 그 후 며칠 뒤 수업 시간, 그날따라 유난히 집중을 못 하고 멍하니 서 있는 아이의 모습이 자꾸 눈에 들어왔습니다. 저는 "집중 좀 해!" 하며 짜증을 냈습니다.

며칠 후, 이안이가 응급실에 갔다는 연락을 받았습니다. 검사 결과는 '뇌종양'. 다행히 당일 연수를 떠날 계획이던 의사에게 간발의 차로 수술을 받을 수 있었습니다. 조금만 더 늦었다면 실명까지 각오해야 했던 상황이었습니다. 병원을 찾았습니다. 불과 며칠 전만 해도 표범처럼 쌩쌩 달리던 아이가, 그 거대한 붕대를 하고는 죽은 듯 누워 있는 모습…. 아직도 그때 아이 모습이 사진으로 찍어 놓은 듯 선명합니다.

얼마 후 이안이 어머님이 저에게 이런 말씀을 하셨습니다.

"공부 안 해도 좋으니… 그냥 나가서 건강하게 뛰어다니는 모습만 봤으면 좋겠어요."

아이의 극적인 회복 이후에도, 어머님의 그 한마디는 제 가슴속에 남아 깊은 깨달음을 주었습니다. 군것질만 하는 것도, 공부 대충 하는 것도, 나가 놀기만 하는 것도, 사실 아이가 건강하니 할 수 있는 것들이었습니다. 아이 문제로 걱정하며 보낸 오늘조차 어쩌면 부모로서 가장 행복한 시간이 아닐까. 아이가 오늘도 군것질을 하고, 실컷 뛰어놀고, 건강한 두 다리로 집에 돌아와 주었다면, 그것만으로도 이미 충분히 감사한 일이 아닐까. 어쩌면 육아로 힘겹게 보낸 당신의 오늘이, 누군가에게는 목숨과도 바꾸고 싶을 정도로 완벽히 행복한 날일지 모릅니다. 앞으로 긴 여정에서 힘들 때마다 제 경험담을 떠올렸으면 좋겠습니다.

마지막으로, 세상에서 가장 소중한 존재와 함께하고 있는 당신에게, 모든 진심을 담아 존경의 마음을 전합니다. 당신이 걷고 있는 위대한 여정에 이 책이 부디 도움이 되어주길 간절히 바라봅니다.